Klaus Jürgen Diehl
Evangelium — zum Schleuderpreis?

Klaus Jürgen Diehl

Evangelium – zum Schleuderpreis?

Wider die billige Gnade

AUSSAAT VERLAG NEUKIRCHEN-VLUYN

ABCteam

Bücher, die dieses Zeichen tragen, wollen die Botschaft von Jesus Christus in unserer Zeit glaubhaft bezeugen.

ABCteam-Bücher erscheinen in folgenden Verlagen:

Aussaat Verlag Neukirchen-Vluyn /
R. Brockhaus Verlag Wuppertal /
Brunnen Verlag Gießen / Bundes-Verlag Witten /
Christliches Verlagshaus Stuttgart /
Oncken-Verlag Wuppertal /
Schriftenmissions-Verlag Neukirchen-Vluyn

ABCteam-Bücher kann jede Buchhandlung besorgen.

2. Auflage 1983
© 1983 Aussaat- und Schriftenmissions-Verlag GmbH,
Neukirchen-Vluyn
Umschlag: Gerd Meussen, Essen
Druck: Bundes-Verlag, Witten
ISBN 3-7615-2299-1

„Wir haben in Theologie und Verkündigung nichts anderes zu sagen als den Artikel von der Rechtfertigung.
Rechtfertigung heißt: im Jüngsten Gericht bestehen. Dies ist wirklich das einzige Anliegen unseres Lebens und Sterbens."

Julius Schniewind

„Was fehlt denn unserer Predigt, die so gut und so sicher und so zeitnah ist — und die trotz aller Bemühungen am Menschen vorbeiredet und keine Bewegung schafft?
Dieses fehlt ihr: Es fehlt in ihr die Angst, daß Hörer und Prediger in die Hölle kommen können."

Wilhelm Busch

„Teure Gnade ist das Evangelium, das immer wieder gesucht, die Gabe, um die gebeten, die Tür, an die angeklopft werden muß. Teuer ist sie, weil sie in die Nachfolge ruft; Gnade ist sie, weil sie in die Nachfolge *Jesu Christi* ruft; teuer ist sie, weil sie die Sünde verdammt, Gnade, weil sie den Sünder rechtfertigt. Teuer ist die Gnade vor allem darum, weil sie Gott teuer gewesen ist, weil sie Gott das Leben seines Sohnes gekostet hat — ihr seid teuer erkauft — und weil uns nicht billig sein kann, was Gott teuer ist."

Dietrich Bonhoeffer

Inhalt

Wenn ich jetzt sterben würde	8
Das Evangelium rückt unsere Perspektiven zurecht	11
Kritische Anfragen an den Verkündiger	20
Was haben wir bloß aus der Botschaft vom Kreuz gemacht?	31
Nachfolge ist kein Spaziergang, sondern ein Kreuzweg	37
Jesus als Partner	48
Die Verharmlosung der Sünde	53
Die Doppelbewegung des Glaubens	62
Leben nach Gottes Maßstäben	70

Wenn ich jetzt sterben würde ...

In einem seelsorgerlichen Gespräch redete kürzlich eine 18-jährige von ihrer Angst. Sie sagte etwa: „Manchmal sehne ich mich danach, daß mit meinem Leben einfach Schluß ist. Doch dann kriege ich plötzlich Angst. Denn wenn ich jetzt sterben würde, käme ich ins Gericht. Ich weiß aber, daß ich mit meinem Leben — so wie ich jetzt lebe — vor Gott nicht bestehen könnte." In unserem Gespräch unter vier Augen zeigte sich bald, daß dieses Mädchen nicht etwa besonders skrupulös veranlagt war. Sie wurde auch nicht von einem besonders ängstlichen Gewissen geplagt. Ebensowenig gab es in ihrem Leben Eltern, die ihrer Tochter mit erhobenem Zeigefinger die Angst vor dem Gericht Gottes eingebleut hätten. Nein, es war ein durchaus normales Mädchen, das sich fragte: Wie kann ich einmal mit meinem Leben vor dem ewigen Gott bestehen? Mit ihrem jetzigen Lebensstil — das spürte sie sehr deutlich — konnte Gott nicht einverstanden sein. Sie war ehrlich genug zuzugeben, daß sie sich da bei Gott auch nicht mit ein paar halbherzigen Entschuldigungen würde herausreden können.
Mich hat dieses Gepräch nicht mehr losgelassen. Ich mußte selbstkritisch eingestehen: Auf diese Angst einer 18jährigen, die Angst vor dem Gericht Gottes, war ich als Seelsorger und Verkündiger nicht gefaßt. Ich hatte wohl eher mit allen möglichen Lebens- bzw. Glaubensproblemen gerechnet, aber nicht damit, aus dem Munde eines jungen Menschen die Frage Martin Luthers zu hören: „Sag mal, wie kriege ich einen gnädigen Gott?"
Ist es nicht so, daß uns in der Verkündigung unserer Tage viele biblisch durchaus wichtige Themen und Fragen nur noch wenig bewegen? Die Gründe dafür werden unterschiedlich sein. Sie mögen von dem ernsthaften Bemühen um verständliche und situationsbezogene Verkündigung bis hin zu radikaler Entschlackung der Bibel von angeblich mythologischem Ballast reichen. Das Ergebnis ist jedoch: Aus verständlicher Anpassung an den Hörer und seine Zeit ist beim *Über-setzen* des Evangeliums viel von seinem Inhalt über Bord gegangen. Mag sein, daß ein derart erleichtertes Evangelium bei den Verkündigern zunächst Erleichterung

ausgelöst hat: „Endlich einmal sind wir angekommen!" Die Frage ist nur, ob bei einem „Evangelium zum Schleuderpreis" der „Verbraucher" noch auf seine Kosten kommt — oder womöglich um das Entscheidende betrogen wird, das ihm dieses Evangelium zu bieten hat.
Was ist aber nun das Wesentliche am Evangelium? Dietrich Bonhoeffer hat es „die teure Gnade" genannt: „Teuer ist sie, weil sie die Sünde verdammt; Gnade ist sie, weil sie den Sünder rechtfertigt." Gottes entschiedenes *Nein zur Sünde* und sein ebenso bedingungsloses *Ja zum Sünder* haben in ihrer Wechselseitigkeit und Unauflöslichkeit meine Überlegungen bestimmt. Es ist meine Hoffnung, daß dieses kleine Buch dem einen Mut macht, Menschen nicht länger die unbequeme Wahrheit über ihr Leben vorzuenthalten, — und bei dem andern die Lust weckt, konkreter und persönlicher Menschen zum Glauben an Jesus einzuladen.

Klaus Jürgen Diehl

Das Evangelium
rückt unsere Perspektiven zurecht

In der Verkündigung unserer Tage wird von der Ewigkeit nur selten geredet. Die Predigt vom ewigen Leben und der künftigen Herrlichkeit bei Gott kommt allenfalls noch in der Friedhofskapelle oder in den Gottesdiensten am Ende des Kirchenjahres vor. Ganz zu schweigen von der Kehrseite dieser Verkündigung: Wer wagt noch, seinen Hörern die Predigt von der ewigen Verdammnis und vom Jüngsten Gericht zuzumuten?
Verkündiger und Hörer scheinen sich da ganz einig zu sein: An Fragen der Ewigkeit besteht offensichtlich kaum ein Interesse. Ich frage mich: Wo könnten die Gründe für solche Zurückhaltung liegen, zumal die Dimension der Ewigkeit aus der Bibel ja nicht wegzudenken ist?

Keine billige Vertröstung auf ein besseres Jenseits

Manche Verkündiger haben vielleicht die Sorge, sie könnten die Hörer mit allzu billigem Jenseitstrost abspeisen. Darum sind ihnen die „goldenen Gassen im himmlischen Jerusalem" höchst verdächtig. Sie reden nur ungern davon, daß wir einmal „im Schoße Abrahams" bei Gott geborgen sein werden. Zu dieser Sorge um eine leichtfertige Vertröstung auf den Himmel hat vor allem das Versagen der Kirche in der sozialen Frage des 19. Jahrhunderts beigetragen. Damals sind von der Kirche allzu leichtfertig die brennenden sozialen Nöte der Menschen mit dem Hinweis: „Im Himmel wird es einmal besser!" als belanglos beiseite geschoben worden. Mit solch einer Vertröstung auf ein besseres Jenseits hat sich die Kirche — von rühmlichen Ausnahmen abgesehen — vor der dringenden Notwendigkeit gedrückt, die handfesten Alltagsnöte der Menschen beherzt anzupacken. Das sollte uns in der Kirche nicht noch einmal passieren. So sind wir sensibel geworden für die Gegenwartsprobleme und suchen lieber gleich nach irdischen Lösungen — statt Menschen auf eine bessere Zukunft in der Herrlichkeit Gottes zu vertrösten.
Aus einer Jenseitshoffnung, die die brennenden Nöte der Zeit gleichmütig hinnahm, wurde so ein überaus aktiver, pro-

blemgeschärfter Diesseitsglaube. Heute gibt es kein politisches Problem, keine soziale Frage und kein wirtschaftliches Thema mehr, zu dem die Kirche sich nicht berufen sähe, alsbald Stellung zu nehmen und Lösungen vorzuschlagen. Ständig sind auf allen Ebenen unserer Kirche Gremien und Ausschüsse damit beschäftigt, Stellungnahmen zu erarbeiten, Resolutionen abzufassen, Initiativen zu ergreifen. Eine einzelne christliche Gemeinde vermag nicht einmal mehr geistig zu bewältigen, geschweige denn praktisch zu beherzigen, was ihr die zahlreichen Denkschriften der Evangelischen Kirche in den vergangenen Jahren zu denken und zu tun aufgegeben haben. Von der Arbeitslosigkeit über die Energieversorgung bis hin zum militärischen Gleichgewicht sind wir Christen gefordert — oder sehen uns jedenfalls berufen —, unseren Beitrag zur Bewältigung der immer zahlreicher werdenden Probleme zu leisten.
Wen stört es da schon, daß manche kritischen Zeitgenossen den Eindruck gewinnen, die Kirche übernähme sich bei soviel Weltzugewandtheit, und ihr raten, sie solle sich lieber auf solche Aufgaben beschränken, für die sie einen besonderen Auftrag habe und wo sie mit entsprechendem Sachverstand mitreden könne?
Mancher Verkündiger wird sich durch solche Kritik allerdings nur ungern in seinem Aktivismus bremsen lassen. Auf einem Konvent entgegnete mir kürzlich ein Pfarrer: „Für meinen Dienst gilt das Motto: Es gibt genug Probleme, packen wir sie an." Warum soll ein moderner Pfarrer sich nicht von dem Werbeslogan eines Ölkonzerns stärker bestimmen lassen als von einem Bibelwort?
Verständlicherweise rückt dabei die Ewigkeit in immer weitere Fernen. Man hat ja heute soviel Probleme zu lösen, da bleibt in der Verkündigung keine Zeit für die Vision vom neuen Himmel und der neuen Erde, von der Gott sich vorbehalten hat, sie selbst zu schaffen: „Siehe, ich mache alles neu!"

Die Diesseits-Süchtigkeit unseres Denkens

Ich sehe neben einem kirchengeschichtlichen Grund für das mangelnde Interesse an der Ewigkeit auch noch eine geistesgeschichtliche Ursache: Unser ganzes Denken ist seit dem

Zeitalter der Aufklärung immer diesseitssüchtiger geworden. Es fällt uns schwer, überhaupt noch Ewigkeit zu denken — ganz zu schweigen davon, ob wir Ewigkeit noch glauben können oder wollen. Die gegenwärtige, sichtbare Welt bestimmt unser Denken, Reden und Empfinden so stark, daß wir sie für die einzig reale Welt halten.
Die Forschungsergebnisse der Wissenschaft und die Errungenschaften der Technik haben ein übriges getan, um den Himmel zu entvölkern und aus der Ewigkeit eine Endlichkeit zu machen. Vorgänge, die über Jahrhunderte hindurch als Geheimnisse einer anderen Welt ehrfürchtig bestaunt wurden, entpuppten sich im Licht der Wissenschaften als höchst natürlich und erklärbar. Für Jenseitigkeit und Ewigkeit schien immer weniger Platz zu sein; selbst Gott war allenfalls noch interessant als Lückenbüßer für zur Zeit noch unerklärbare Geheimnisse unserer Welt.
Wie soll da ein aufgeklärter Mensch unserer Tage noch einen überirdischen Gott in der Ewigkeit denken können?
Freilich, manchem Zeitgenossen beginnt langsam zu dämmern, daß wir in der Diesseits-Süchtigkeit unseres Denkens die Opfer einer Überschätzung unserer Vernunft geworden sind. Ernsthafte Wissenschaftler von Einstein bis Weizsäcker haben inzwischen längst erkannt, daß auch bei Anerkennung der sogenannten „Naturgesetze" die Möglichkeit einer jenseitigen Welt Gottes offen bleibt. Sie ist jedenfalls für den Wissenschaftler denkbar — auch wenn sie mit seinen Mitteln weder bewiesen noch widerlegt werden kann.
Die Diesseits-Süchtigkeit unseres Denkens war schließlich nur möglich, weil sie mit der konsequenten Tabuisierung des Todes einherging: über den Tod redet man nicht; jeder Gedanke an das eigene Sterben wird peinlich vermieden. Hat man aber erst einmal die Tatsache des eigenen Sterbenmüssens mit Erfolg verdrängt, dann erscheint die Frage: „Was kommt nach dem Tode?" geradezu als ein belangloses Gedankenspielchen.
Auf die Dauer wird man allerdings nicht eine ganze Gesellschaft mit Erfolg davon abhalten können, über die sichtbare Welt hinauszudenken. Die Frage nach dem Woher und Wohin unserer Existenz — „Woher komme ich, wohin gehe ich?" — gehört nun einmal zu unserem Menschsein hinzu.

Die Prophezeiung Bonhoeffers aus den vierziger Jahren, wir gingen einem religionslosen Zeitalter entgegen, hat sich jedenfalls nicht bewahrheitet. Der Mensch ist und bleibt „unheilbar religiös" — wie Joachim Fest einmal in der Zeitung DIE ZEIT feststellte.
Es scheint tatsächlich so, daß immer mehr Zeitgenossen nicht wie Fest die Religiosität, sondern die Diesseitssucht für eine schlimme Krankheit halten, die uns um entscheidende Dimensionen unseres Lebens betrügt. Die Frage ist nur, ob wir uns in der Verkündigung endlich wieder darauf einlassen, die Situation des Menschen „sub specie aeternitatis" — „unter dem Blickwinkel der Ewigkeit" — anzugehen und ihnen so zu einem zuversichtlichen Leben und einem getrosten Sterben zu verhelfen.

Die Ewigkeitshoffnung schafft einen langen Atem

Eine Kirche, die im 19. Jahrhundert tatenlos die Arbeiter ihrem sozialen Elend überließ, war in der Verkündigung ihrer Zukunftshoffnung unglaubwürdig. Die Vertröstung auf die „himmlische Herrlichkeit" mußte als fadenscheinige Begründung für die Beibehaltung bestehender sozialer Ungerechtigkeit herhalten. Für eine Versüßung des „irdischen Jammertales" gibt es keine Entschuldigung. Ich frage mich allerdings, ob eine Kirche, die sich heute pausenlos um alle möglichen politischen, wirtschaftlichen und sozialen Probleme kümmert, in der Verkündigung ihrer Rechtfertigungsbotschaft nicht ebenso unglaubwürdig wird. Was brauchen wir als Sünder noch eine Rechtfertigung durch Gott, wenn wir längst zutiefst überzeugt sind, uns durch eigene Taten rechtfertigen zu können?
Der ungeheure Aktivismus der Kirche erweckt bei Fernstehenden leicht den Eindruck, als ob die Christen glaubten, auf diese Weise die Existenzberechtigung der Kirche unter Beweis stellen zu müssen. Helmut Schmidt äußerte kürzlich in einem Interview, der Übereifer und die Unduldsamkeit mancher Christen in politischen Fragen rühre wohl daher, „daß sie selber nicht mehr beten können". An dieser Bemerkung ist viel wahr. Wer als Christ sein Leben nicht mehr aus dem ständigen Gespräch mit dem Herrn der Geschichte

gestaltet, der verfällt rasch der Illusion, er könne die Probleme dieser Welt aus eigener Kraft lösen. Wer schließlich nicht mehr an die Vollendung der Geschichte durch Gottes Heilshandeln glaubt, der sieht sich in wichtigtuerischer Betriebsamkeit genötigt, das Friedensreich Gottes auf Erden selber zu errichten. Am Ende kann das nur zu Enttäuschung und Verbitterung führen. Denn auch bei beherztem Engagement der Christen wird es in dieser Welt weiter Kriege und Zerstörung, Hunger und Elend, Folter und Gemeinheit geben.
In dieser Situation gewinnen wir allein Zuversicht, wenn wir uns in unserem Glauben und in unserer Hoffnung von dem langen Atem der Ewigkeit bestimmen lassen. Erst wenn wir — durch die Bibel geschult — unter einer turbulenten Weltgeschichte verborgen die Kennzeichen der Heilsgeschichte entdecken, die Gott beharrlich weiterverfolgt, fangen wir an, ganz konkret mit den Möglichkeiten Gottes für eine oft so hoffnungslos erscheinende Welt zu rechnen. Weil Gott im Laufe der Geschichte aus vielen ausweglos erscheinenden Situationen etwas völlig Neues geschaffen hat, sehen wir keinen Grund mehr, daran zu zweifeln, daß Gott auch diese Welt von Grund auf neu erschaffen kann.

Beharrliches Festhalten an den Verheißungen Gottes

Ich möchte dies gern an einem Beispiel verdeutlichen. In den sechziger Jahren kam bei uns die Gott-ist-tot-Theologie in Mode. Diese Theologie war stark von dem Bewußtsein der Abwesenheit beziehungsweise des Schweigens Gottes in dieser Welt bestimmt. Das Grauen von Auschwitz und Hiroshima dokumentierte für diese Theologen die Abwesenheit und Ohnmacht Gottes. Sie zogen daraus den Schluß, daß künftig wir Christen in dieser Welt den abwesenden oder gar gestorbenen Gott zu vertreten hätten. Konsequenterweise vollzog Dorothee Sölle — eine der markantesten Vertreterinnen dieser Theologie — von dem Gedanken der Stellvertretung rasch den Schritt zu einer politischen Theologie, die nun die Utopie von der heilen Welt aus eigener Kraft verwirklichen will. Die Gott-ist-tot-Theologie scheint mir das typische Beispiel für eine Kurzatmigkeit und Kurzsichtigkeit

zu sein, die nichts von den heilsgeschichtlichen Perspektiven der Bibel begriffen hat. Nicht umsonst ist diese Theologie so schnell wieder aus der Mode geraten.
Hätte Frau Sölle intensiver auf die Bibel gehört, so wäre ihr vielleicht aufgefallen, daß es in der Geschichte Israels immer wieder Zeiten gab, in denen Gott schwieg und Menschen glaubten, daß er die Weltgeschichte anderen überlassen hätte. Israel war nach der Eroberung Jerusalems und der Zerstörung des Tempels 587 v. Chr. fest davon überzeugt, daß Gottes Geschichte mit seinem Volk nun zu Ende war. Die trostlosen Verhältnisse konnten auch eigentlich keinen Anlaß geben, die Geschichte anders zu deuten. Aber dann sagt der Prophet Gottes dem verzagten Volk etwas ganz anderes: „So spricht der Herr, euer Erlöser, der Heilige Israels: Um euretwillen habe ich nach Babel geschickt und habe die Riegel eures Gefängnisses zerbrochen, und zur Klage wird der Jubel der Chaldäer ... Denn siehe, ich will ein Neues schaffen, jetzt wächst es auf, erkennt ihr's denn nicht? Ich mache einen Weg in der Wüste und Wasserströme in der Einöde" (Jesaja 43, 14—19). Gott setzt einen überraschenden Neuanfang, wo sein Volk nur einen schweigenden oder gar abwesenden Gott konstatiert — und tatsächlich: wenige Jahre später kehren unter dem neuen Weltherrscher Kyros die Israeliten in die Heimat zurück. Sie dürfen den Tempel neu aufbauen und schließlich auch die Mauern Jerusalems wieder errichten. Ein neues Kapitel in der Heilsgeschichte Gottes mit seinem Volk beginnt.
Die Gott-ist-tot-Theologie ist inzwischen außer Atem gekommen. Wer heute immer noch vom schweigenden, abwesenden oder gar toten Gott redet, hat noch nicht begriffen, daß Gott längst dabei ist, Neues zu schaffen. Gerade das zurückliegende Jahrzehnt hat gezeigt, wie Gott in verschiedenen Ländern dieser Erde geistliche Erweckungen geschenkt hat. Auch in unserem Land hat unter jungen Menschen ein intensives Suchen und Fragen nach dem lebendigen Gott eingesetzt. Wir tun gut daran, uns nicht von kurzatmigen Modetheologien irritieren zu lassen.
Was wir dagegen brauchen, ist das beharrliche Festhalten an den Verheißungen Gottes: Er wird mit seiner Schöpfung ganz gewiß zum Ziel kommen. Der lange Atem solcher Hoff-

nung gibt uns immer wieder Mut, beherzt das anzupacken, was für uns heute möglich und was für diese Welt nötig ist. Wir möchten damit konkrete Zeichen setzen dafür, daß Gott einmal in Vollendung schaffen wird, was wir heute nur bruchstückhaft und ansatzweise zuwegebringen.

Die Ewigkeit rückt unsere Perspektiven zurecht

„Ewigkeit, in die Zeit
leuchte hell herein,
daß uns werde klein das Kleine
und das Große groß erscheine!"

Unter dem Blickwinkel der Ewigkeit erscheinen plötzlich viele Dinge in einem gänzlich anderen Licht. Manches, wonach wir Menschen streben und was wir für begehrenswert ansehen, wird mit einem Male lächerlich gering, ja wertlos.
Ich denke an das Wort Jesu aus der Bergpredigt, wonach wir nicht den Auftrag haben, Schätze zu sammeln, die „von Motten und Rost gefressen werden", sondern Schätze für die Ewigkeit zu suchen (Matthäus 6, 19. 20). Wieviel bilden wir uns auf Besitz und Wohlstand, auf Karriere und Erfolg ein? Welch gedankenloser Leichtsinn zu glauben, unser Wert und unsere Würde hingen von dem ab, was wir beruflich leisten oder materiell erreichen! Aus der Perspektive der Ewigkeit ist das alles vergänglicher Plunder. Wenn wir uns einmal in der Ewigkeit vor Gott verantworten müssen, dann zählen ganz andere Schätze. Dann kommt es darauf an, ob wir die Schätze der Weisheit und Erkenntnis, die in Christus verborgen liegen (Kolosser 2, 3), gehoben haben. Dann zählt, ob wir uns durch Taten barmherziger Liebe „feurige Kohlen auf ihre Häupter gesammelt" haben (Römer 12, 20).
Anderes hingegen, was uns nach der Einschätzung dieser Welt eher belanglos oder beliebig erscheint, gewinnt unter dem Blickwinkel der Ewigkeit eine ungeheure Dringlichkeit, zum Beispiel die Verkündigung des Heils, das allein in Christus begründet liegt. Die Einstellung eines Menschen, der meint, daß er sich später immer noch für Gott interessieren und entscheiden könne, muß einem Christen geradezu atemberaubend leichtsinnig erscheinen. Schließlich steht eine ganze Ewigkeit auf dem Spiel, die jemand durch gedankenloses

Dahinleben verscherzen kann. Aus der berechtigten Sorge um das Heil eines Menschen erwächst die Dringlichkeit evangelistischer Verkündigung: „Heute, so ihr seine Stimme hört, so verstockt eure Herzen nicht!" (Hebräer 4, 7)
Auch das Leiden kann aus dem Gesichtswinkel der Ewigkeit in einem anderen Licht erscheinen. Paulus schreibt in Römer 8, 18: „Denn ich halte dafür, daß die Leiden der jetzigen Zeit nichts bedeuten im Vergleich zu der Herrlichkeit, die an uns geoffenbart werden soll." Mit dieser Einschätzung soll das Leiden eines Menschen nicht verharmlost oder übergangen werden. Aber es soll seinen Charakter als eine den Menschen bestimmende Schicksalsmacht verlieren. Das Leiden gehört zum Vorletzten und nicht zum Letzten, an dem der Mensch zugrundegeht. Auch wenn Gott einem Menschen auf sein Gebet hin das Leiden nicht wegnimmt, so dürfen wir ihm bezeugen, daß Leiden letztlich nur notvolles Durchgangsstadium hin zur zukünftigen Herrlichkeit bei Gott sein kann. „Wenn der Herr die Gefangenen Zions erlösen wird, so werden wir sein wie die Träumenden." Dieses Hoffnungswort aus dem 126. Psalm hat Friedrich von Bodelschwingh geholfen, den Kranken Bethels in ihrem Leid beizustehen und in ihnen zugleich die Sehnsucht nach der künftigen Erlösung zu wecken.

Wir gehen dem Morgen der Ewigkeit entgegen

Nicht zuletzt bekommen *die Zeichen der Zeit* unter dem Blickwinkel der Ewigkeit einen völlig anderen Stellenwert.
Für viele Zeitgenossen sind die drohende Gefahr eines atomaren Krieges, die zunehmende Zerstörung unserer Umwelt und die uns über den Kopf wachsenden Probleme unserer Wirtschaft ein sicheres Indiz dafür, daß die Weltenuhr wenige Minuten vor Mitternacht steht. Immer mehr Menschen unserer Tage leben in der Angst, daß wir schon in naher Zukunft in eine Katastrophe universalen Ausmaßes hineinschlittern. Die Prognosen der Wissenschaftler und Futurologen — wie zum Beispiel in der amerikanischen Studie „Global 2000" — sind nicht dazu angetan, den Menschen diese Zukunftsängste zu nehmen. Im Gegenteil: Sie bestärken ihn nur noch darin, daß es „kurz vor 12" sei.

Aus dem Blickwinkel der Ewigkeit aber ist zu sagen: Die Zeitansage stimmt nicht! Die Uhr geht nach. Mitternacht liegt längst hinter uns. Mitternacht war, als Jesus Christus am Kreuz von Golgatha verblutete. Da verfinsterte sich die Erde und wurde bis in ihre Grundfesten erschüttert, weil Gott im Tod seines Sohnes das Gericht über diese Welt vollzog (Matthäus 27, 45. 51—52).
Mitternacht liegt hinter uns — wir gehen der Morgendämmerung der Ewigkeit entgegen.
Das haben wir den Menschen unserer Zeit zu bezeugen: Anstelle des Weltuntergangs erwarten wir den wiederkommenden Herrn Jesus Christus: „Die Nacht ist vorgerückt, der Tag aber nahe herbeigekommen" (Römer 13, 12). Was immer da an Krisen und Katastrophen noch auf uns zukommen mag, es ist — im Angesicht der Ewigkeit — nicht mehr als die Schatten einer zu Ende gehenden Nacht kurz vor Sonnenaufgang.

Kritische Anfragen an den Verkündiger

„Die Kirche des Wortes" — wie sich die Evangelische Kirche jahrhundertelang gerne nannte — sieht sich schon seit längerer Zeit kritischen Anfragen an ihre Verkündigung ausgesetzt.

Manche vertreten inzwischen unverhohlen den Standpunkt: „Gepredigt hat die Kirche lange genug. Nun wollen wir Taten sehen." Für diese Kritiker ist es längst ausgemacht, daß die Verkündigung in unserer Kirche nichts als leeres Gerede darstellt. Man vertritt in etwas abgewandelter Form den Standpunkt von Karl Marx: „Die Pastoren haben die Geschichte dieser Welt immer nur religiös interpretiert; wir wollen sie durch Taten verändern."

Andere sind nicht so radikal, aber auch sie sind kritisch, was die Effektivität der Verkündigung anbetrifft. Muß man ihre Skepsis nicht teilen, wenn man bedenkt, daß Woche für Woche in unzähligen Gottesdiensten, Bibelstunden, Gemeindekreisen und Jugendgruppen das Wort Gottes verkündigt wird? Wieviel Menschen setzt dieses Wort denn in Bewegung? Was bewirkt es an konkreter Veränderung im Leben einzelner und im Leben unserer Gesellschaft? Ist die Bilanz nicht niederschmetternd? Dabei geben sich die Verkündiger doch alle Mühe: Unsere Kanzelprediger haben immerhin 10—12 Semester Theologie studiert; sie können die Bibel in ihrer Ursprache lesen; sie sind in der Lage, gründliche Exegese zu betreiben und die verschiedensten biblischen Kommentare sorgfältig zu studieren; sie bemühen sich um eine verständliche Sprache und fragen danach, wie sie die Aussagen des Bibeltextes in die Situation der Hörer hinein übersetzen können. Und dann trotzdem dieser Mißerfolg?

Welcher Verkündiger — egal ob Theologe oder Laie — stände da nicht ab und an in der Versuchung, lieber den Mund zu halten, als Woche für Woche eine Botschaft weiterzusagen, für die es offensichtlich keine nennenswerte Nachfrage mehr gibt, wenn man von Kindern und älteren Leuten einmal absieht?

Ich möchte diese kritischen Anfragen an unsere Verkündigungspraxis ernstnehmen. Aber ich möchte es mir damit nicht zu leicht machen. Ich möchte die Ursachen für die weitgehende Vollmachtlosigkeit der Verkündigung nicht zuerst bei den Hörern, bei den Zeitumständen oder gar bei der Botschaft selbst suchen, sondern bei mir: dem Verkündiger. Dazu möchte ich einige selbstkritische Fragen stellen.

Treibt mich in der Verkündigung vor allem die Sorge um das Heil der Menschen?

Das ist nun zunächst eine sehr persönliche Frage. Ich möchte dabei nicht übersehen, daß uns in unserer Verkündigung sicher auch manche andere berechtigte Sorge bewegt, zum Beispiel die, ob wir mit unserer Verkündigung die Sprache der Menschen sprechen oder ob wir mit unseren Andachten, Predigten und Bibelarbeiten an den tatsächlichen Fragen und Nöten der Menschen vorbeireden. Aber vor allem sollte uns doch die Sorge treiben, daß Menschen aus der Verlorenheit errettet und der Vergebung ihrer Sünden gewiß werden.
In einem „Licht und Leben"-Artikel aus dem Jahre 1952 stellt Wilhelm Busch die Frage: „Was fehlt denn unserer Predigt, die so gut und so sicher und so zeitnah ist — und die trotz aller Bemühungen am Menschen vorbeiredet und keine Bewegung schafft?" Und er gibt die Antwort: „Es fehlt in ihr die Angst, daß Hörer und Prediger in die Hölle kommen könnten."
Vielleicht meinen wir ja, unsere Zuhörer und wir könnten des ewigen Lebens längst gewiß sein. Zumindest aus der Verkündigung in unseren Gottesdiensten kann man den Eindruck gewinnen, daß durch Taufe und Konfirmation die Frage unseres persönlichen Heils längst hinreichend geklärt ist. Wo wird da noch von der Notwendigkeit der persönlichen Bekehrung geredet? Wo werden Getaufte und Konfirmierte noch als unbekehrte Sünder angeredet? Mir scheint es ein ungeheurer Leichtsinn zu sein, die Gottesdienstbesucher Sonntag für Sonntag ganz selbstverständlich als Christen anzureden.
Haben wir denn verdrängt, daß wir in unserem eigenen Leben einmal umkehrten und uns mit unserem Leben Jesus Christus anvertrauten, um nicht verloren zu gehen? Wie können wir dann auf dem Hintergrund der eigenen Umkehr zu Gott die Gewissen der Menschen mit dem Hinweis auf

die Allgenügsamkeit der Taufe oder der Konfirmation narkotisieren?!
Wie viele Menschen werden in der Ewigkeit Gottes einmal uns Predigern vorhalten: „Warum habt ihr uns immer nur von der Liebe Gottes gepredigt und uns nicht auch gesagt, daß wir Buße tun und umkehren sollen? Warum habt ihr uns so in die Irre laufen lassen, wo ihr es aus der Bibel hättet besser wissen müssen?"
Nun ist mir klar, daß mancher Verkündiger die Angst vor der Hölle für ausgesprochen problematisch hält. Das klingt doch allzusehr danach, als wolle man die Menschen „mit dem Höllenhund in den Himmel hetzen". Ich will nicht bestreiten, daß es in der Kirche Zeiten gab, in denen Menschen die Angst vor der Hölle eingebleut wurde, um sie auf diese Weise in die Arme Gottes zu treiben. Ich mag auch nicht ausschließen, daß in Evangelisationen da und dort auch heute noch Menschen zu einer Glaubensentscheidung gedrängt werden.
Aber mir scheint die geistliche Not unserer Zeit nicht darin zu bestehen, daß die Menschen große Angst vor der Hölle umtreibt, sondern daß sie die Ehrfurcht vor dem lebendigen Gott verloren haben. Die Leichtfertigkeit, mit der unsere Zeitgenossen bis hin zur Lästerung über Gott reden, und die Dreistigkeit, mit der sie sich über seine Gebote hinwegsetzen — das müßte uns beunruhigen. Darum ist es heute geradezu notwendig, jedermann mit unüberhörbarer Dringlichkeit zu sagen: „Man kann verloren gehen. Irrt euch nicht, Gott läßt sich nicht spotten. Was der Mensch sät, das wird er ernten" (Galater 6, 7). Wobei die Bibel keinen Zweifel daran läßt, daß solche Ernte auch das Verderben eines Menschen bedeuten kann.
Noch einmal Wilhelm Busch: „Kein Mensch zittert mehr vor Gott. Keiner glaubt mehr, daß die Hölle eine schreckliche Wirklichkeit ist. Keiner glaubt mehr an die Gefahr, von der die Pfingstpredigt des Petrus Errettung verspricht. Darum ist die Christenheit so harmlos. Da übt man Liturgien und trägt sie dann dem ‚lieben Gott' ins Reine vor. Da sitzen in den Gemeinschaften alte Männer und brüten über Äonenlehren. Da entmythologisieren die Theologen (sie werden ja sagen, daß die Furcht vor der Hölle auch aus einem mytho-

logischen Bereich komme!). Da sitzen Männerkreise und reden über die Arbeiterfrage. Und über all dem sterben die Menschen und gehen ewig verloren. Entweder waren unsere Väter Narren, wenn sie in ihren Predigten die Sünder warnten — oder wir sind Narren, die wir alles tun, nur das Wichtigste nicht."

Zielt meine Verkündigung auf das Gewissen der Hörer?

Es wäre lohnend, die urchristlichen Predigten der Apostel mit unserer Verkündigungspraxis heute zu vergleichen. Uns würde dabei rasch auffallen, daß die Predigt der Apostel auf die Beunruhigung der Gewissen zielte.
Schon nach der ersten Pfingstpredigt des Petrus in Jerusalem heißt es: „Als sie das hörten, ging's ihnen durchs Herz" (Apostelgeschichte 2, 37). Ohne jede Beschönigung hatte Petrus seinen Zuhörern vorgehalten: „Ihr habt Jesus ans Kreuz geschlagen" (Vers 23). Da waren sie in ihrem Gewissen getroffen und begannen voller Unruhe zu fragen: „Was sollen wir tun?"
Man lese nur einmal die Predigt, die Paulus vor den Intellektuellen Athens auf dem Areopag gehalten hat (Apostelgeschichte 17, 22—31). Diese Predigt wird ja gern als Beispiel für eine musterhafte Anknüpfung an die Situation der Hörer hingestellt. Das ist sie zweifellos auch. Paulus bemüht sich sehr geschickt, seine Hörer in ihrer religiösen Erfahrungswelt abzuholen, um ihnen sodann zu sagen, daß der unbekannte Gott, den sie dort auf einem Altar verehren, kein anderer als der Vater Jesu Christi ist. Doch dann sollte man diese Predigt auch zu Ende lesen. Da nimmt Paulus kein Blatt vor den Mund und redet kühn vom Gericht Gottes. Jetzt werden die Leute böse, weil Paulus ihnen ins Gewissen redet. Sie spotten, weil er ihren intellektuellen Ansprüchen nicht genügt. Und doch beweisen sie gerade damit, daß ihr Gewissen getroffen ist.
Selbst vor dem Landpfleger Felix scheut Paulus sich nicht, „von Gerechtigkeit und Keuschheit und von dem zukünftigen Gericht" zu reden, so daß „Felix erschrak" (Apostelgeschichte 24, 25). Wahrscheinlich hat Paulus seinen Zuhörer an der wunden Stelle seines Lebens getroffen. Schließlich war

Felix für seinen ausschweifenden Lebenswandel bekannt. Die Beschäftigung mit der Verkündigung der Erweckungsprediger früherer Zeiten würde den Eindruck aus der Apostelgeschichte bestärken: Auch ihre Predigt ließ an Deutlichlichkeit nichts fehlen. Ihre Verkündigung war bei aller sonstigen Unterschiedlichkeit immer drastisch, direkt, zupackend, auf die Gewissen der Hörer abzielend.

Der badische Erweckungsprediger Aloys Henhöfer beschrieb einmal die Aufgabe des Verkündigers so: „Unser Auftrag besteht darin, Menschen aufzuwecken, denn sie sind alle Schlafende ... Nur keine Schlaftränklein geben, nur nicht Frieden gepredigt, wo kein Friede ist. Nur nicht gesagt: Es ist genug, wenn ein Mensch getauft ist, zur wahren Kirche Gottes gehört, den Gottesdienst eifrig besucht, wenn er seine Arbeit schafft und sonst ein braver, rechtschaffener Mann ist. Das heißt Schlaftränklein geben, Kopfkissen unterlegen, die Kirche zum Kirchhof (Friedhof) oder die Leute blind und tot machen."

Weil sie die Menschen aufrütteln wollten, darum mußten sie ihnen erst einmal ihren verlorenen Zustand zeigen und ihnen den Weg in die Selbstgerechtigkeit verbauen.

Als man eine alte Frau nach vielen Jahren fragte, was Henhöfer denn gepredigt habe, sagte sie: „Was er im einzelnen gepredigt hat, das weiß ich nicht mehr; aber eines weiß ich, er hat meinem alten Menschen den Brustkasten eingeschlagen."

Wie steht es aber nun um unsere Verkündigung heute? Ich vermute, daß wir alle miteinander — Laien wie Pastoren — uns sehr viel Mühe geben, unseren Zuhörern auf vielfältige Weise deutlich zu machen, daß Gott sich ihnen in bedingungsloser Liebe zuwendet; daß er sie ohne jede Vorleistung annimmt und gerechtspricht; daß er immer für sie da ist und für sie sorgt. Demgegenüber ist das Reden von Unglauben und Verlorenheit, von Gottes Gericht über die Sünde und damit auch von dem Fiasko eines Lebens ohne Gott fast völlig verstummt. Beides aber gehört im Wort Gottes untrennbar zusammen: sein voraussetzungsloses Ja zum Sünder und sein ebenso kompromißloses Nein zur Sünde.

Dietrich Bonhoeffer hat im ersten Kapitel seines Buches „Nachfolge" deutlich gemacht, wie verhängnisvoll es sich auswirken muß, wenn die Verkündiger nichts mehr von dem entschlossenen Nein Gottes zur Sünde sagen. Das teure Evangelium wird als Schleuderware verramscht: „Billige Gnade ist Predigt der Vergebung ohne Buße, ist Taufe ohne Gemeindezucht, ist Abendmahl ohne Bekenntnis der Sünden, ist Absolution ohne persönliche Beichte. Billige Gnade ist Gnade ohne Nachfolge, Gnade ohne Kreuz, Gnade ohne den menschgewordenen lebendigen Jesus Christus ... Billige Gnade heißt Rechtfertigung der Sünde und nicht des Sünders." Dem stellt Bonhoeffer das Evangelium als teure Gnade gegenüber: „Teuer ist sie, weil sie in die Nachfolge ruft, Gnade ist sie, weil sie in die Nachfolge *Jesu Christi* ruft; teuer ist sie, weil sie den Menschen das Leben kostet, Gnade ist sie, weil sie ihm so das Leben erst schenkt; teuer ist sie, weil sie die Sünde verdammt, Gnade, weil sie den Sünder rechtfertigt."

Was mag uns Verkündiger dazu verleitet haben, die Gewissen der Menschen in Ruhe zu lassen und sie mit der Botschaft von der billigen Gnade noch in ihrer Sünde zu rechtfertigen? Haben wir keinen Mut mehr, den Menschen als verlorenen Sünder anzusprechen? Fürchten wir den Vorwurf der Kritiker: „Da sieht man's mal wieder: erst müßt ihr den Menschen als Sünder madig machen, bevor ihr bei ihm mit der Gnade Gottes landen könnt"?! Warum nehmen wir diesen Vorwurf nicht mit mehr Gelassenheit auf?

Wir wollen keinen Menschen madig machen. Er ist nämlich längst schon von der Sünde verdorben — auch wenn er sich noch so selbstsicher gibt. Gerade weil der Mensch sich in seinem Verhältnis zu Gott gefährlichen Illusionen hingibt, müssen wir ihm sagen, daß er ohne Gott ins Verderben rennt.

Natürlich weiß ich auch, daß in unseren Tagen das Wissen um Gottes Gebote, um Gut und Böse immer mehr im Schwinden begriffen ist. Dennoch ist der Mensch der Alte geblieben: selbstsüchtig, unglücklich, verlogen, hilflos, einsam, unkeusch, lieblos — und in dem allen auf der Flucht vor Gott. Darum haben wir die Aufgabe, anhand der Maßstäbe Gottes das Leben der Menschen als grundverkehrt aufzudecken. Sie sollen erkennen, daß sie — wie die Menschen vor ihnen — verlorene, aber von Gott gesuchte und in Jesus geliebte Sünder sind.

Vom Menschen als Sünder reden heißt also nicht, ihn klein und häßlich machen und ihn als ganz und gar moralisch verkommen hinzustellen. Vom Menschen als Sünder reden heißt: an sein Leben den Maßstab der Gebote Gottes anlegen — und darum von seiner Verantwortung für seine Schuld vor Gott reden. Vor Gott kann kein Mensch sich herausreden und die Verantwortung für seine Schuld abwälzen. Jeder muß da einmal für sich und sein Leben selbst geradestehen. Angesichts unserer Schuld haben wir nur eine einzige Chance, vor Gott als gerecht dazustehen: indem wir uns mit unserer ganzen Existenz an Christus hängen und sein Leiden und Sterben für uns in Anspruch nehmen.

Führt meine Verkündigung Menschen zur persönlichen Vergewisserung ihres Glaubens?

In einem Gemeindekreis sprachen wir über Glaubensgewißheit. Im Anschluß an den Abend rief mich ein langjähriger Presbyter an: „Und Sie meinen wirklich, daß es das gibt: Glaubensgewißheit?" Ich fragte zurück: „Wie verstehen Sie denn Ihr Christsein?" Daraufhin meinte er: „Nun ja, ich bemühe mich nach besten Kräften, Christ zu sein. Aber ich könnte wohl nie sagen: Jetzt bin ich einer, jetzt habe ich Gewißheit." Es ergab sich noch ein langes Telefongespräch bis in die Nacht. Da war ein Mann, der sich treu zur Kirche hielt, regelmäßig die Gottesdienste besuchte und sich als Presbyter in der Gemeinde engagierte. Aber von Glaubensgewißheit hatte er nie gehört; ja, solche Gewißheit schien ihm sogar verdächtig: „Ob sich da nicht ein Mensch allzu leicht in der falschen Sicherheit wiegt, ihm könne nichts passieren? Ob er sich mit seinem Glauben nicht doch überschätzt?"
Aus diesem Gespräch wurde mir wieder einmal deutlich:
1. Es gibt in unseren Gemeinden und Gruppen unzählige Menschen, die ihres Glaubens an Jesus Christus nie fröhlich gewiß wurden. Die deswegen auch so wenig von ihrem Glauben an andere weitergeben können. Denn im tiefsten sind sie sich unsicher, ob sie auch wirklich auf der Seite Gottes stehen und der Vergebung ihrer Sünden gewiß sein können. Sie leben in einem eigenartigen Schwebezustand — wie ein

Prüfling, der nicht weiß, ob er nun die Aufnahmeprüfung bestanden hat oder nicht. Es ist aber nicht Gottes Wille, daß wir ein Leben lang im unklaren darüber sind, ob wir für immer bei ihm geborgen sein dürfen oder nicht.

2. Immer wieder reden engagierte Gemeindeglieder davon, daß sie sich bemühten, Christen zu sein. Ich will dieses Bemühen nicht geringschätzen. Aber mein Christsein hängt Gott sei Dank nicht von meinem Bemühen, sondern von Gottes geschenkter Versöhnung ab. Ich bin nicht Christ aufgrund meines Verhaltens, sondern aufgrund der erfahrenen Vergebung durch Gott. Der Glaube ist Geschenk — nicht Verdienst. Wenn ich ihn mir verdienen müßte, bliebe mein Leben lang immer eine Unsicherheit. Wer ist schon so konsequent in seinem Christsein, daß er seinen Glauben nie in Zweifel ziehen müßte? Weil aber der Glaube Geschenk ist, darum gibt es auch Gewißheit: „Gottes Geist gibt Zeugnis unserem Geist, daß wir Gottes Kinder sind" (Römer 8, 16).

3. Wenn in der Kirche von Glaubensgewißheit geredet wird, argwöhnen sogleich manche Leute, man wolle die Menschen in einer religiösen Sicherheit wiegen. Sie vermuten, solche Sicherheit führe zu Überheblichkeit gegenüber anderen, die das nicht von sich sagen können. Statt dessen kokettiert mancher lieber ein Leben lang mit seinen eigenen Zweifeln, seinem Nichtwissen, seinem Unterwegssein zum Glauben. Warum wollen wir weniger, als uns in der Bibel verheißen ist? Oder hat Paulus sich in einer bedenklichen religiösen Sicherheit gewiegt, wenn er an die Römer schreiben konnte: „Ich bin gewiß, daß nichts mich scheiden kann von der Liebe Gottes, die in Christus Jesus ist, unserem Herrn" (Römer 8, 38. 39)?

Hören wir doch endlich auf, die von Gottes Geist geschenkte Gewißheit (certitudo) mit der Selbstsicherheit eines Menschen (securitas) zu verwechseln. Nein, wir haben die Gewißheit des Glaubens nicht wie einen festen Besitz in der Tasche; wir haben sie immer nur hier und jetzt als aktuelles Geschenk Gottes — und wir haben sie auch nur als immer wieder neu angefochtene Gewißheit.

Persönlich nachgehende Seelsorge

Kürzlich hatte ich bei einem Jugendtreffen eine Gesprächsgruppe zu leiten. Das Thema dieser Gruppe lautete: „Wie werde ich mit meinen Zweifeln fertig?" Ich ließ die meist 16—20jährigen Teilnehmer anonym auf einen Zettel schreiben, welche Zweifel sie am stärksten belasteten. Das Ergebnis war für mich überraschend. Nicht etwa intellektuelle Probleme mit dem Glauben standen im Vordergrund, sondern die ganz existentielle Unsicherheit, ob sie der Vergebung und Führung Gottes in ihrem Leben gewiß sein konnten. Auf den Zetteln stand beispielsweise:
„Ich bete zwar immer wieder um Vergebung, aber ich weiß nicht, ob Gott mir wirklich alle meine Schuld wegnimmt." „Ich bin Christ, aber immer wieder überfallen mich schreckliche Zweifel, ob ich mir meinen Glauben nicht doch nur einbilde."
„Ich habe so oft gehört, daß Gott uns führt, aber ich weiß nicht, wie ich das in meinem Leben konkret erfahren kann."
Mir wurde aus diesen Äußerungen deutlich, daß es in unserer Gemeinde- und Jugendarbeit ein auffälliges Defizit an konkreter Seelsorge gibt. Da werden ganz offensichtlich gerade junge Menschen mit ihren persönlichen Glaubensfragen und Zweifeln alleingelassen. Dabei hören viele von ihnen regelmäßig Gottes Wort. Das Evangelium hat sie auch persönlich angesprochen. Sie möchten gerne glauben oder haben sich sogar schon für das Leben in der Nachfolge Jesu Christi entschieden. Aber ihrem Glauben fehlen Gewißheit und Zuversicht. Unvorhergesehene Ereignisse und persönliche Enttäuschungen werfen sie häufig schnell aus der Bahn. Offenbar haben sie keinen Menschen, dem sie dann ihre Zweifel anvertrauen können und der ihnen hilft, den Willen Gottes in ihrem Leben zu erkennen. Ja, vielleicht hat sie bisher auch noch niemand auf ihr persönliches Verhältnis zu Jesus angesprochen.

Wieder frage ich: Liegt es mit an unserer Verkündigung, daß Menschen ihres Glaubens an Jesus nicht gewiß werden und zuversichtlich an die Bewältigung ihres Lebens herangehen? Zielt unsere Verkündigung ganz konkret auf solche Gewißheit und wird sie daher ergänzt von einer persönlich nachgehenden Seelsorge?

Denken wir daran zurück, wie wir selbst einmal die ersten Schritte in den Glauben taten. Ich selbst bin als Jugendlicher regelmäßig in einen Bibelkreis gegangen. Ich hörte das Evangelium und stand ihm aufgeschlossen gegenüber. Ich war innerlich längst bereit, Christ zu werden — es fehlte mir aber ein letzter Anstoß.
Glücklicherweise sprach mich eines Tages mein Jugendleiter an. Wir wälzten keine großartigen Probleme in diesem Gespräch. Aber die eine Frage, die er mir dann stellte, war entscheidend: „Sag mal, was hindert dich noch daran, den entscheidenden Schritt zu Jesus hin zu wagen?" Ich habe ihm damals spontan gesagt: „Nichts!" Es war ja wirklich mein Wunsch, mit dem Glauben an Jesus ernstzumachen. Ich wußte bloß nicht, wie ich es anstellen sollte. Jetzt sagte er mir: „Laß uns zusammen beten. Bitte Jesus, daß er in dein Leben kommt und von heute an die Führung in deinem Leben übernimmt." So haben wir es dann auch gehalten. Auf den Zuspruch: „Du bist von jetzt an ein Eigentum Jesu Christi!" konnte ich mich in späteren Anfechtungen und Zweifeln oft berufen.
Wir verkündigen so vielen Menschen Woche für Woche das Evangelium. Aber tun wir es nicht oft nach der Weise: „So, jetzt habe ich es euch gesagt. Was ihr aber nun damit anfangt, ist eure Sache"? Nun auch noch einzelnen nachzugehen, um uns zu vergewissern, ob und wie unsere Verkündigung von den Zuhörern aufgenommen wurde, das ist oft zu beschwerlich — ja, vielleicht auch ein wenig peinlich. Dabei wartet vielleicht mancher nur darauf, daß wir ihm mit der persönlichen Frage nach seinem Verhältnis zu Jesus Christus einen letzten Anstoß zum Glauben geben.
Wir geben uns viel Mühe, in der Konfirmanden- und Jugendarbeit jungen Menschen die zentralen Aussagen des Evangeliums zu verdeutlichen. Aber wie sie nun ganz konkret Christ werden können, wie sie ihre Schuld loswerden und sich mit ihrem Leben Jesus anvertrauen können, das sagen wir ihnen oft nicht. Um einmal im Bild zu sprechen: Es wäre so, als wenn ein Autoverkäufer sehr überzeugend die Vorzüge seines Automodells herausstellte und alle Details des Wagens liebevoll erklärte, es dann aber für höchst überflüssig ansähe, den Autokäufer noch darauf aufmerk-

sam zu machen, wie man den Wagen anläßt und losfährt. Um Christi willen möchte ich Sie bitten, allen Menschen, gerade jungen Menschen ganz konkret zu sagen, wie sie ihr Leben bei Jesus festmachen können. Bieten Sie ihnen Ihre Hilfe beim Schritt in die Nachfolge Jesu Christi an. Haben Sie den Mut, sie unter vier Augen nach erkannter Schuld zu fragen, damit sie der Vergebung ihrer Sünden gewiß werden können.

Was haben wir bloß aus der Botschaft vom Kreuz gemacht?

Martin Kähler hat Anfang dieses Jahrhunderts einmal bemerkt, die Evangelien seien im Grunde „Passionsgeschichten mit ausführlicher Einleitung". Er wollte damit sagen, daß alle Evangelien ein deutlich sichtbares Ziel, nämlich den Bericht über das Leiden und Sterben Jesu, haben. Letztlich läuft alles auf dieses dramatische Ereignis der Passion hinaus. Die Leidensankündigungen Jesu, sein bewußter Entschluß, mit seinen Jüngern nach Jerusalem zu gehen, die Auseinandersetzung mit den Pharisäern und Schriftgelehrten — alles signalisiert bereits die Unausweichlichkeit des Leidens und Sterbens Jesu.

Das Evangelium ist die Passionsgeschichte

Die Bemerkung Kählers aufgreifend, möchte ich zugespitzt formulieren: Das Evangelium ist im Grunde die Passionsgeschichte. Im Zentrum des Evangeliums steht der Gekreuzigte, der lebt. „Das Wort vom Kreuz" — wie Paulus in 1. Korinther 1, 18 formuliert — ist die bestimmende Mitte evangeliumsgemäßer Verkündigung. Ja, für Paulus ist dieses Wort so bestimmend, daß er daneben alle anderen Inhalte der Verkündigung aus seiner Sicht für unwesentlich halten kann. Den Korinthern erklärt er: „Auch ich, liebe Brüder, da ich zu euch kam, kam ich nicht mit hohen Worten und hoher Weisheit, euch zu verkündigen die göttliche Predigt. Denn ich hielt nicht dafür, daß ich etwas wüßte unter euch als allein Jesus Christus, den Gekreuzigten" (1. Korinther 2, 1—2).

Wir haben demnach das Kreuz ins Zentrum unserer Verkündigung zu rücken. Wir haben den Menschen zu bezeugen, daß auf Golgatha nicht irgendein unschuldiger Mensch, sondern der Herr Jesus Christus gestorben ist, der Richter also, der eigentlich uns alle wegen unserer Schuld richten müßte. Und diese Umkehrung also, daß Jesus als der Richter uns nicht richtet, sondern sich an unserer Stelle hinrichten läßt, das ist das Thema der neutestamentlichen Botschaft. Es ist die Botschaft von der Rechtfertigung des Sünders al-

lein aus Gnaden. Es ist das Evangelium von der teuren Gnade: von seinem Gericht über die Sünde und seinem Erbarmen über den Sünder. Es ist die unbegreifliche Predigt von dem Gott, der im Kreuz seines Sohnes die Versöhnung mit seinen entlaufenen Geschöpfen sucht, der als der Stärkere hinter uns Schwächeren herläuft und uns Frieden anbietet. Wenn dieses Gefälle nicht mehr unsere Verkündigung bestimmt, wenn wir nichts mehr davon sagen können, daß Jesus Christus für uns, und das heißt an unserer Stelle (Stellvertretung) und zu unseren Gunsten (Befreiung) am Kreuz hingerichtet wurde, damit wir einmal im Gericht Gottes bestehen können, dann haben wir in unserer Verkündigung nichts mehr zu sagen. Julius Schniewind schreibt: „Wir haben in Theologie und Verkündigung nichts anderes zu sagen als den Artikel von der Rechtfertigung ... Rechtfertigung heißt: im Jüngsten Gericht bestehen. Dies ist wirklich das einzige Anliegen unseres Lebens und Sterbens."
Ich will nicht verschweigen, daß der Artikel von der Rechtfertigung eine Botschaft ist, die sich unserem Denken und unseren Vorstellungen nicht einfügen oder anpassen läßt. Eher wird es so sein, daß wir uns als Verkündiger mit dieser Botschaft vom Gekreuzigten schwertun. Bei den Zeitgenossen eines Paulus rief jedenfalls die Verkündigung des Kreuzes Christi Kopfschütteln und Ärgernis hervor. Schließlich wußte man damals davon, daß die Kreuzigung eine dem Sklaven vorbehaltene Strafe war. Cicero nennt die Kreuzigung die ärgste, höchste, grausamste und scheußlichste Todesstrafe.
Was die Verkündigung des Kreuzes der damaligen Zeit bedeutet hat, können wir auf der ältesten Darstellung des Kreuzes, einem Spott-Graffito aus dem 3. Jahrhundert auf dem Palatin in Rom, erkennen: Da ist ein Kreuz in die Wand geritzt worden, an dem eine menschliche Gestalt mit einem Eselskopf hängt. Unter dem Kreuz befindet sich eine anbetende Menschengestalt mit huldigender Gebärde. Und die Unterschrift lautet: „Alexamenos betet zu seinem Gott."
Durch diese Darstellung sollte ein junger Christ lächerlich gemacht werden. Wie kann man nur zu einem Gott beten, der sich in einem Gekreuzigten geoffenbart hat? Das ist doch eine Eselei!

Wenn man den Inhalt der Kreuzesbotschaft durchdenkt, so ist er bis heute ein Ärgernis: „Der da am Kreuz hängt, soll um meinetwillen gestorben sein? Das kann doch nicht wahr sein! Was habe ich denn verbrochen, um deswegen die Todesstrafe, den Zorn Gottes verdient zu haben?" So fragen junge Leute in ungläubigem Staunen. Andere geben zu erkennen, daß sie diese grausame Geschichte anekle und sie nichts damit zu tun haben wollten, und wieder andere können sich einfach nicht vorstellen, daß der Mann am Kreuz auch an sie und ihr Heil gedacht habe, als er rief: „Es ist vollbracht!" (Johannes 19, 30) Ja, bis heute sind Unverständnis, Kopfschütteln und Ärgernis die normale Reaktion auf die Kreuzesbotschaft.

Gefährlicher Mißbrauch der Kreuzesbotschaft

Ist es da nicht allzu verständlich, wenn wir in der Verkündigung immer wieder versucht sind, den Skandalon-Charakter, den Ärgernis-Charakter der Kreuzesbotschaft abzuschwächen oder umzubiegen, indem wir das Kreuz einfach für unsere Zwecke vereinnahmen? So ist zum Beispiel seit den Zeiten Konstantins des Großen das Kreuz Jesu Christi immer wieder für politische und militärische Zwecke mißbraucht worden. Konstantin hielt es für ratsam, das Kreuz zum Feldzeichen seines Heeres zu machen, um auf diese Weise seine militärischen Siege zu erringen. Aus dem Zeichen des Heils für alle Menschen wurde ein todbringendes Signum für die politischen Feinde. Welch ein Mißbrauch!
Aber hat sich diese *politische Vereinnahmung* des Kreuzes nicht bis in unsere Tage fortgesetzt? Noch in diesem Jahrhundert zogen Soldaten in den Krieg, auf deren Koppelschlössern die Worte standen: „Gott mit uns." Als in der Karwoche 1968 in den USA Martin Luther King erschossen wurde, als am Gründonnerstag desselben Jahres der marxistische Studentenführer Rudi Dutschke auf dem Berliner Kurfürstendamm von einem Attentäter schwer verletzt wurde, da gab es tags darauf im ganzen Land spontane Demonstrationen junger Leute. Auch Kirchen wurden besetzt und Gottesdienste unterbrochen. Auf einem der Plakate jugendlicher Kirchenbesetzer stand damals zu lesen: „JESUS —

KING — DUTSCHKE". Auch ein Versuch, Jesus für politische Zwecke zu vereinnahmen.

Neben der politischen gibt es auch eine *ethische Vereinnahmung* des Kreuzes. Sie hat gerade in den letzten Jahrzehnten einen enormen Aufschwung durch die wissenschaftliche Theologie erfahren und bestimmt die Verkündigung von vielen Kanzeln. Rudolf Bultmann hat präzise formuliert, wie man das Kreuz Christi ethisch vereinnahmen kann: „An das Kreuz Christi glauben heißt: das Kreuz Christi als sein eigenes übernehmen."

So etwas kriegen wohl nur kluge Theologen hin: die zentrale Aussage des Evangeliums in ihr genaues Gegenteil zu verkehren. Statt daß dem Menschen im Kreuz Jesu alte Lasten abgenommen werden, bekommen sie jetzt nach der Interpretation Bultmanns durch das Kreuz Jesu neue Lasten aufgehalst. Aus dem rettenden Evangelium wird so wieder ein drückendes Gesetz.

Schließlich gibt es seit Jahrhunderten jene *kirchlich-sakramentale Vereinnahmung* des Kreuzes, die aus dem Zeichen der Schande ein ehrwürdiges Kultsymbol und schließlich sogar noch ein beliebtes Schmuckstück macht. Kreuze finden wir heute allerorten: in unseren Kirchen und Gemeindehäusern, als Altar- und Wandschmuck oder auch als Zeichen der besonderen Würde auf der Bischofsbrust. Selbst Filmsternchen schätzen es als Amulett, und auch junge Christen lassen heute gern ein Kreuz als persönliche Note auf der Brust baumeln. Kürzlich begegneten mir sogar Mitarbeiter eines CVJM (Christlicher Verein junger Menschen), die ihr Kreuz als Ohrclips trugen.

Aber Jesus Christus hat sein Kreuz eben nicht als Schmuckstück auf der Brust getragen, sondern als schwere Last auf seinem Rücken, bis er darunter zusammenbrach. Und er ist dann auch nicht auf dem Altar andächtig zwischen zwei Kerzen, sondern auf dem Hügel Golgatha, verzweifelt und zwischen zwei Verbrechern, gestorben.

Was haben wir bloß aus der Botschaft vom Kreuz gemacht?

„Wir haben das Ärgernis des Kreuzes mit Rosen umkränzt.

Wir haben eine Heilstheorie daraus gemacht. Aber das ist nicht die von Gott in es hineingelegte Härte" (Hans Joachim Iwand).

Ich habe die Sorge, daß unsere Verkündigung heute weniger an der Rechtfertigung des Sünders als an der Befriedigung der Bedürfnisse der Menschen orientiert ist. Wir stehen in der Gefahr, von den Erwartungen, Sehnsüchten und Wünschen der Menschen auszugehen, um ihnen sodann in der Verkündigung Jesus als Antwort und Erfüllung dieser Wünsche zu präsentieren.

Ist es womöglich ein Evangelium zu herabgesetzten Preisen, das wir da bei den Menschen anzubringen versuchen? Ein Evangelium, das in seiner inhaltlichen Aussage wie bei einem Konsumartikel von der Nachfrage her reguliert wird? Wenn der Mensch von heute für das Angebot der Kreuzesbotschaft offensichtlich keine Nachfrage entwickelt (er hat es übrigens nie getan!), dann muß man eben, so folgert man, diese Botschaft so umgestalten, daß die Hörer ihren Geschmack daran bekunden. So wird aus der Verkündigung des Gekreuzigten, der den Sünder aus grundloser Liebe rechtfertigt, die Botschaft eines vertrauten Freundes namens Jesus, der sich unserer Sorgen annimmt und unsere Probleme löst. Unserem Verlangen nach Selbstverwirklichung begegnet er verständnisvoll, ja, bei ihm scheint die Erfüllung unserer Lebenswünsche garantiert zu sein. Nachfolge kann dann natürlich nichts anderes bedeuten, als daß Jesus mit uns geht und uns dabei hilft, daß unsere Wege geebnet und die Hindernisse aus unserem Lebensweg weggeräumt werden.

Aber das Wort vom Kreuz ist kein Bedarfsartikel nach dem Geschmack der Leute, kein seichtes Jesusgeplätscher, zu dem die Verkündigung des Evangeliums so häufig entartet. Das Wort vom Kreuz stellt Menschen ins Licht der Wahrheit. Diese Wahrheit aber ist alles andere als schmeichelhaft für uns. Im Angesicht des Gekreuzigten erkennen wir die Tiefe unserer Schuld und erschrecken über die Grundverkehrtheit unseres Wesens. Wir werden gewahr, daß wir als Schuldner Gottes dastehen und sein gerechtes Urteil verdient haben. Doch hier darf dann auch die unbegreifliche Freudenbotschaft des Kreuzes einsetzen: Was wir verdient haben, das nimmt Jesus freiwillig auf sich. Obwohl wir unser Leben ver-

wirkt haben, wird es uns noch einmal neu geschenkt. Das ist Gottes rechtskräftiges Urteil, das unumstößlich gilt: Wir sind freigesprochen!
Das Wort vom Kreuz muß bestimmende Mitte unserer Verkündigung werden. Zuallererst haben wir den Menschen zu sagen, daß sie unter der Macht der Finsternis stehen, daß ihre vermeintliche Freiheit und Unabhängigkeit nichts anderes ist als Leben in der Finsternis, ein Leben, das der Böse am kurzen Zügel hält. Wir müssen die unpopulären Themen von Sünde, Schuld und Verlorenheit wieder zur Sprache bringen, und wir dürfen dabei nicht verschweigen, daß wir Menschen vor Gott mit unserem Leben nicht bestehen können, weil wir nach dem Maßstab seiner Gebote in seiner Schuld stehen. Aber dann werden wir auch bezeugen können, daß Jesus Christus unsere längst verspielte Freiheit als Kinder Gottes durch sein Sterben am Kreuz zurückgewonnen hat. Die Menschen sollen erfahren, daß Christus sie mit Gott versöhnt hat, indem er mit seinem Leben als Kaufpreis bezahlte.

Nachfolge ist kein Spaziergang, sondern ein Kreuzweg

Wenn der zentrale Inhalt der Verkündigung klar ist, dann gewinnt auch die Frage nach dem Hörer und seiner Situation ihr volles Recht. Wenn wir wissen, *was* wir als Verkündiger im Entscheidenden zu sagen haben, dann sollten wir auch den Adressaten unserer Botschaft kennen, um ihm so aktuell und situationsbezogen wie nur eben möglich das Evangelium zu verkündigen.

Paulus hat etwas von der Gedankenwelt und der Lebensweise seiner Hörer gewußt, wenn er schreibt: „Während die Juden Bestätigung fordern, die Griechen nach Weisheit verlangen, verkündigen wir den gekreuzigten Christus, ein Skandal für die Juden und ein Unsinn für die Griechen" (1. Korinther 1, 22–23). Paulus weiß sehr genau, wie verschieden das Thema des gekreuzigten Christus bei seinen Hörern ankommt. Er macht sich also Gedanken über die Situation des Hörers und trifft dabei zunächst eine grundsätzliche Unterscheidung: Da sind Juden und da sind Griechen. Das ist nicht dasselbe. Die Juden und die Griechen kommen von einer völlig verschiedenen Tradition und Bildung her. Der Mensch ist gegenüber der Botschaft des Kreuzes jeweils ein ganz bestimmter und also verschiedener Mensch. Der Jude zum Beispiel fragt nach Zeichen; er ist auf die Frage aus, wie sich Gott durch seine Machttaten erweist. Der Grieche dagegen fragt nicht so sehr nach den Machttaten des Messias, sondern nach der „sophia", nach der Weisheit, nach philosophischen Erkenntnissen und danach, wie unser menschliches Erkennen der absoluten Idee entspricht.

Kennen wir so die Situation der Menschen wie Paulus die Situation der Hörer seiner Zeit? Ich möchte diese Frage im folgenden gerne einmal auf die junge Generation als Adressaten der Kreuzesbotschaft beziehen.

Wissen wir, was junge Menschen in ihren Gedanken bewegt? Welchen gesellschaftlichen Einflüssen sie ausgesetzt sind? Welche Vorurteile sie mit sich herumschleppen? Oder haben wir noch das Bild der Jugendlichen vor 10 oder 20 Jahren vor Augen und noch gar nicht gemerkt, daß sich heute beinahe alle 5 Jahre ein „Generationswechsel" vollzieht? Verkündigen wir womöglich das Evangelium noch nach längst überholten Schemata? Nehmen junge Menschen vielleicht Anstoß an unserer Verkündigung — nicht wegen der inhaltlichen Aussage, sondern wegen der Form, in der wir ihnen die Botschaft darbieten? Hat sich das Ärgernis, die Ablehnung, das Desinteresse verschoben: weg vom *Skandalon* des Kreuzes hin zum *Skandalon* einer langweiligen, unverständlichen, die Situation der jugendlichen Hörer gänzlich verfehlenden Verkündigung?

Die Notwendigkeit, gerade dieser Frage nachzugehen, liegt im Kreuz selbst. Wenn der Gekreuzigte sich an unsere Stelle begeben hat, so haben auch die Verkündiger den Ort zu finden, wo unsere Jugend heute steht. Biblische Verkündigung weist sich auch darin aus, daß sie situationsbezogen und aktuell ist. Daher möchte ich an dieser Stelle über die Situation der jungen Menschen nachdenken, die Adressaten für unsere Verkündigung sind. Zugleich möchte ich herausfinden, wie wir jungen Menschen in diese Situation hinein das Evangelium übersetzen können, ohne seinen Inhalt preiszugeben oder zu verfälschen. Ich will mich an dieser Stelle auf drei wesentliche Punkte konzentrieren.

Der wachsende Leistungsdruck und die Botschaft vom Geschenk der Versöhnung

In merkwürdigem Kontrast zu einer von der Werbung vorgegaukelten heilen Konsumwelt steht der Leistungsdruck, den Schule und Berufswelt heute in zunehmendem Maße auf die Jugendlichen ausüben.

Schüler, die nach ihrem Abitur einmal studieren möchten, sehen sich der harten Wirklichkeit eines numerus clausus an den Hochschulen ausgesetzt. Die Zulassung zu vielen Studienfächern wird an die Bedingung überdurchschnittlicher schulischer Leistungen geknüpft. Dabei sind die Schüler von heute infolge Konzentrationsmangels und psychischer Labilität weit weniger belastbar als die jungen Menschen vor 10 oder 20 Jahren. Es gibt heute 12jährige Schüler, die regelmäßig am Abend vor einer Klassenarbeit Schlaftabletten schlucken, damit sie überhaupt einschlafen können.

An vielen Schulen findet eine Art „Klassenkampf" statt: der Kampf um die besseren Noten, der nicht selten zu einem Konkurrenzkampf gegen andere Mitschüler ausartet. Eine junge CVJM-Mitarbeiterin bemerkte dazu nachdenklich: „Früher hatten wir in unserer Klasse eine viel bessere Gemeinschaft. Wir waren wirklich Klassenkameraden. Heute argwöhnt jeder, der andere könne ihm durch seine besseren Zensuren den Studienplatz vor der Nase wegschnappen. Jeder versucht nur noch, sein eigenes Schäfchen ins trockene zu bringen."
Auch der Hauptschulabgänger — vor Jahren noch als Lehrling begehrt — sieht sich heute erhöhten Leistungsanforderungen ausgesetzt, will er überhaupt noch einen Ausbildungsplatz in dem gewünschten Beruf ergattern.
So muß sich dem heranwachsenden Jugendlichen immer stärker der Eindruck aufdrängen, daß ihm im Leben nichts geschenkt wird und daß er nur soviel wert ist, wie er in Schule und Beruf leistet.
Was heißt nun Verkündigung des Kreuzes für diese Generation, die unsere Leistungsgesellschaft zunehmend problematischer erlebt?
Zunächst dies, daß wir dem Satz: „Im Leben wird dir nichts geschenkt!" vom Evangelium her kräftig zu widersprechen haben. Gott sei Dank gibt es das Entscheidende nur als Geschenk: Leben, Liebe, Vergebung, Geborgenheit. All das kann man sich nicht verdienen, auch wenn es uns an vielen Stellen in unserer Gesellschaft so eingeredet wird. Und das Kreuz Christi soll verdeutlichen: Jesu Sterben ist das unübersehbare Zeichen für das vorbehaltlose, unbedingte und unmißverständliche Ja Gottes zu uns Menschen. Hier werden wir ohne Verdienst und ohne moralische oder religiöse Vorleistung gerechtgesprochen. Mehr noch, wir werden mit Vergebung und Gerechtigkeit beschenkt und für wertvoll erklärt, obwohl wir es von unserem Leben her ganz anders verdient hätten.
Wird diese Botschaft vom schenkenden, vom sich selbst schenkenden Gott unter den jungen Menschen unüberhörbar laut?
Junge Menschen reagieren nicht selten auf die Verkündigung des Evangeliums mit der Einstellung: „Aha, hier wird ein

neuer Leistungsnachweis von mir erwartet." Glaube, Gottesdienstbesuch, Bibellese usw. werden dann auch prompt als eine religiöse Leistung des Menschen mißverstanden: „Ich tue etwas für Gott!" Für unsere Verkündigung kann daraus nur folgen, daß wir äußerst behutsam mit Aufforderungen und moralischen Appellen umgehen, dafür aber die Tatsache der Versöhnung mit dem lebendigen Gott, die uns im Evangelium angeboten wird, jungen Menschen in ständigen Variationen versuchen nahezubringen und selber auszuleben.

In einer von Leistung und Streß geprägten Gesellschaft haben wir jungen Menschen die befreiende Botschaft anzubieten, daß Jesus Christus sie annimmt, obwohl sie sich diese Zuwendung durch ihr Verhalten keineswegs verdient haben. Im Gegenteil: Das ist das Unbegreifliche, den Gesetzen unserer Leistungsgesellschaft Widersprechende, daß uns trotz unserer bisherigen Ablehnung Gottes, trotz Hochmut und Undank unserem Schöpfer gegenüber, trotz der Starrheit, aus sich selbst und für sich selbst leben zu wollen, trotz des Stumpfsinns, in dem schließlich jedes Fragen nach dem Sinn unseres Lebens erstickt, durch Gottes Initiative die Möglichkeit eines neuen Lebens eröffnet wird.

Nein, wir können mit unserem Leben nicht vor Gott bestehen. Eigentlich müßten wir erst einmal kräftig Wiedergutmachung leisten und uns durch verzweifelte Anstrengung zu eine religiösen Menschen hochangeln, damit Gott uns vielleicht akzeptieren kann. Aber das Evangelium sagt es ganz anders: So, wie wir sind, dürfen wir kommen und uns beschenken lassen. Obwohl der verlorene Sohn längst sein Erbteil verspielt hat, wird er nach seiner Umkehr vom Vater wieder als Sohn und Erbe angenommen. Gollwitzer hat einmal gesagt, das Evangelium sei eine „lustigmachende Glücksbotschaft".

Diese Botschaft will auch die Situation junger Menschen, die immer einseitiger an dem Maßstab der Leistung gemessen werden, so gründlich verändern, daß sie „nun aufatmen, lachen, hoffen und Zuversicht fassen, selig sein und sich freuen können" (Helmut Gollwitzer).

Die Norm der Leistung in Schule und Berufswelt wird nicht abgeschafft, aber sie wird relativiert. Sie kann nicht mehr der alles bestimmende Faktor sein, von dem die Zukunft eines Menschen abhängt. Wer als Versöhnter lebt, kann aufatmen — auch dann, wenn die schulischen Leistungen für das erhoffte Studienfach nicht ausreichen. Wer als Versöhnter lebt, ist dennoch zuversichtlich, daß Gott trotz Studienplatzbeschränkung und fehlender Ausbildungsstellen mit ihm seine Ziele verwirklichen wird.

Die zunehmende Bindungs- und Orientierungslosigkeit und der Ruf in die Nachfolge des Gekreuzigten

Beim Bedenken der Situation junger Menschen fällt mir neben dem wachsenden Leistungsdruck, dem insbesondere die jungen Menschen in unserer Gesellschaft ausgesetzt sind, ihre zunehmende Bindungs- und Orientierungslosigkeit auf. Jungen Menschen mangelt es immer stärker an der notwendigen Einsicht in der Wechselwirkung von Freiheit und Bindung.

Meist wissen Jugendliche sehr genau, was sie für Rechte haben, während sie bei der Frage nach ihren Pflichten irritiert sind. Freiheit verstehen sie immer nur als den Spielraum ihrer Möglichkeiten. Sie wollen endlich einmal tun und lassen können, was sie wollen. Auf dem Hintergrund eines wachsenden Leistungsdrucks in Schule und Berufswelt ist dieser Wunsch junger Menschen nur allzu verständlich: Endlich einmal nicht widerwillig seine Pflicht tun müssen, sondern das tun können, was einem gerade Spaß macht!

Doch wenn die Wechselwirkung von bewußt eingegangener Bindung und der sich daraus ergebenden Freiheit nachhaltig gestört ist, geraten Menschen in eine Halt- und Orientierungslosigkeit, in der sie anfällig für alle möglichen Verführungen und Irrwege werden.

Die Propagierung des Lustprinzips für die persönliche Lebensgestaltung ermuntert junge Menschen heute zu einem kritiklosen Ausleben ihrer Möglichkeiten. Ob ein bestimmtes Verhalten gut bzw. richtig ist, wird nicht mehr von moralischen oder sittlichen Kriterien her beurteilt, sondern von der Frage, ob es Spaß macht und Befriedigung verschafft. Auf eine einfache Formel gebracht: „Tu möglichst nur das, was gerade Spaß macht, wozu du Lust hast, wonach du ein

Bedürfnis verspürst. Je mehr mir eine Sache Spaß macht, um so besser und richtiger ist sie."
So werden bisher anerkannte Moral- und Wertvorstellungen aus den Angeln gehoben. Diebstahl zum Beispiel gilt heute schon bei vielen Jugendlichen nicht mehr als etwas Anstößiges. Es ist für sie vielmehr eine Art raffinierten Sports, bei dem das Risiko des Erwischtwerdens einen gewissen Kitzel verursacht.
Wir können heute in der Verkündigung nicht mehr bei dem unruhigen Gewissen junger Menschen anknüpfen und erst recht nicht bei einem von den Geboten Gottes geschärften Gewissen. Den Jugendlichen ist daraus kein Vorwurf zu machen. Aber wir als Verkündiger sollten doch erkennen, daß Jugendliche in ihrer Bindungs- und Orientierungslosigkeit heute immer häufiger Opfer von Manipulation und Verführung werden, bei der sie schließlich in um so größerer Abhängigkeit und Unfreiheit landen.
Wie greifen wir in der Verkündigung diese für unser Menschsein so notwendige Wechselwirkung von Freiheit und Bindung auf?
Ich denke so, daß dem Angebot der Freiheit auf der einen Seite (Botschaft der Versöhnung) das Angebot der Bindung auf der anderen Seite (Ruf in die Nachfolge des Gekreuzigten) entspricht. Wenn junge Menschen in unserer Arbeit erfahren, daß Jesus sie brutto, das heißt in voraussetzungsloser Liebe annimmt, dann sollen sie auch wissen, daß er sie in seine Nachfolge ruft und sie an seine Person bindet.
Nachfolge bedeutet eben nicht: „Ich möcht, daß einer mit mir geht, der's Leben kennt, der mich versteht!", sondern Nachfolge heißt: Mein Platz ist *hinter* Jesus. Ich bin gerufen, Jesus auf *seinem* Weg zu folgen, auch wenn mir dieser Weg oft nicht gefällt und ich ganz andere Vorstellungen davon habe.
Ich will es noch deutlicher sagen: Nachfolge ist kein Spaziergang, sondern ein Kreuzweg. Jesus sagt: „Wer mir nachfolgen will, der verleugne sich selbst und nehme sein Kreuz auf sich und folge mir nach" (Markus 8, 34). Das ist seine Antwort auf das Problem der Bindungs- und Orientierungslosigkeit junger Menschen und ihrer Verfallenheit an das individuelle Lustprinzip. Ich möchte versuchen, diesen Ruf Jesu in die Nachfolge noch weiter zu erläutern.

Zunächst einmal ist Nachfolge Selbstverleugnung. Mit dem Aufruf zur Selbstverleugnung erwartet Jesus von uns, daß wir Abschied nehmen von unseren selbstentworfenen Lebensplänen und daß wir auf die Durchsetzung unserer Wünsche und Erwartungen verzichten. Ins Positive gewendet heißt *Selbstverleugnung* nichts anderes als Anerkennung des Herrschaftsanspruchs Jesu über mein Leben und *Hingabe meines Selbst an ihn*. Jesus ist eben nicht nur der gute Freund, dem ich vertrauen kann und der mich in allem versteht. Er ist auch der Herr, dem ich mit meinem Leben gehöre und dem ich Gehorsam schulde.

Nachfolge beginnt demnach mit dem Verzicht auf eine eigenwillige Lebensgestaltung und mit der Bereitschaft, auf den Willen Gottes zu hören und sich seiner Wegweisung zu überlassen. Dazu gehört, daß ich mir mein Gewissen von den Geboten Gottes her schärfen lasse und auf die Führung durch den Heiligen Geist vertraue.

Nachfolge ist sodann aber auch Bereitschaft zum Leiden. „Wer mir nachfolgt, der nehme sein Kreuz auf sich . . ." Wer sich mit Jesus identifiziert, der muß mit Unannehmlichkeiten oder Leiden rechnen. Die Formulierung „sein Kreuz auf sich nehmen" erinnert an den Kreuzesbalken und die Hinrichtungsart des Kreuzestodes. Wer Jesus konsequent nachfolgt, der muß sogar mit der äußersten Möglichkeit rechnen, um seinetwillen ausgestoßen, verfemt und zum Verbrecher abgestempelt zu werden. Darum hat Jesus seine Jünger eben nicht nur für das Leben geschult, sondern sie gleichzeitig auch sehr nüchtern und bewußt auf das Leiden und Sterben vorbereitet.

Angesichts dieser eindeutigen Aussage müssen wir uns selbst kritisch fragen, ob wir in unserer Verkündigung auch dazu ermuntern, dem Leiden um Jesu willen nicht auszuweichen. Wenn wir Jugendlichen zuallererst das Evangelium als „lustigmachende Glücksbotschaft" verkündigen, wo sie als Versöhnte wieder lernen, frei zu atmen, dürfen wir ihnen andererseits aber auch nicht das Wort von der Kreuzesnachfolge vorenthalten. Wir werden unwahrhaftig in unserer Verkündigung, wenn wir jungen Menschen gegenüber verschweigen, daß Jesus in ihrem Leben nicht nur Leid wegnehmen, sondern auch verursachen kann; daß er ihnen nicht nur Probleme

löst, sondern ihnen auch neue beschert; daß er ihnen nicht nur persönliche Sorgen nimmt, sondern ihnen auch die Fürsorge für andere auferlegt.
Gerade weil wir heute so sehr auf Lustgewinn und Bedürfnisbefriedigung aus sind und zudem von einer tiefen Leidensscheu erfaßt werden, sollten wir einander immer wieder ermutigen, das Kreuz zu tragen, das Jesus uns in seiner Nachfolge auferlegt. Gewiß, wir werden als Christen in diesem Land nicht bedrängt, unterdrückt und verfolgt wie anderswo in der Welt. Doch das ist — wie die Kirchengeschichte zeigt — mehr die Ausnahme als der Normalfall. Und: Ist es nicht auch ein Leiden um Christi willen, wo heute junge Menschen aufgrund ihres Glaubens einsam in ihrer Umgebung sind? Ist es nicht schmerzlich für einen Jugendlichen, wenn er von seinen Eltern und Geschwistern, von seinen Schulkameraden und Kollegen als „religiös überspannt" abgelehnt wird, nur weil er mit Ernst Christ sein möchte? Unabhängig von der jeweiligen Gesellschaftsform der Menschen gilt in der Nachfolge Jesu die Bemerkung von Hans-Joachim Kraus: „Es gibt keine Ferien vom Kreuz!"

Die wachsende Entfremdung zwischen den Generationen und das Angebot tragender Gemeinschaft

Sicher hat es zu allen Zeiten Generationsprobleme gegeben. Wer heute aber glaubt, sich angesichts des gestörten Verhältnisses zwischen den Generationen mit dem Hinweis beruhigen zu können: „Das war schon immer so!", täuscht sich gewaltig. Das Verhältnis zwischen den Jungen und Alten, den Eltern und Kindern, den Schülern und den Lehrern ist tiefgreifender und nachhaltiger gestört als in früheren Zeiten. An einigen Symptomen möchte ich diese wachsende Entfremdung zwischen den Generationen, die insbesondere bei den Jugendlichen zu Entwurzelung und Heimatlosigkeit führt, aufzeigen.
Da ist zunächst die Autoritätskrise, die bei den Eltern, aber auch bei vielen Pädagogen und Jugendreferenten zu einer nachhaltigen Verunsicherung in ihrer Erziehungverantwortung geführt hat. Die Verwechslung von „autoritär" und „Autorität" hat unglücklicherweise an vielen Stellen nun

auch eine betont kritische Einstellung gegenüber jeglicher Autorität bewirkt. Wer als Eltern seinen Kindern Grenzen setzt, der — so heißt es — beschneidet sie in ihrer persönlichen Entfaltung. Wer als Vater oder Mutter von seinen Kindern in bestimmten Situationen konkreten Gehorsam erwartet, der muß sich „autoritäres Gehabe" vorwerfen lassen. Wundert es uns da, daß Eltern sich verunsichert aus ihrer erzieherischen Verantwortung zurückziehen und ihre heranwachsenden Kinder zunehmend sich selbst überlassen, zumal dann, wenn ihre Kinder das erzieherische Bemühen auch noch geschickt mit dem beleidigten Hinweis auf die große Freiheit der Nachbarskinder zu unterlaufen verstehen? Hinzu kommt, daß die Erwachsenen immer mehr dem Fetisch Jugend huldigen. Jugendlichkeit und Jungsein ist heute Trumpf. Wer auf sich hält, der gibt sich jugendlich. An die Stelle altersmäßig differenzierter Leitbilder tritt eine einheitliche Lebensform, die deutlich jugendliche Züge trägt. Die moderne Werbepsychologie hat es längst begriffen. Ihr Erfolgsrezept heißt: Jugendlicher Look fördert den Umsatz — Alter dagegen verkauft sich schlecht. Die Generation der 15- bis 40jährigen ist Konsumleitbild für Zahnpasta, Cognac, Fußbodenreiniger, Käse, Banken, Waschmaschinen. Selbst für Pfandbriefe, Kopfwehtabletten und Gebißhaftcreme muß heute jugendlicher Charme herhalten. Der früher bevorzugte Herr mit den graumelierten Schläfen kann heute allenfalls noch in „Asbach Uralt" den Geist des Weins beschwören, und ältere Frauen dürfen höchstens noch als komische Tante posieren und sich für das unvergleichliche „Ariel-Weiß" begeistern.

Wundert es uns bei solcher Vergötzung der Jugend, wenn junge Menschen das Alter als eine bedauerliche Schrumpfexistenz betrachten und der Welt der Erwachsenen den Rücken kehren? Wundert es uns, wenn Geschichtslosigkeit und Traditionsschwund um sich greifen, wenn doch Jungsein Trumpf ist?

Aber da, wo junge Menschen auf sich selbst und ihre Jugendlichkeit zurückgeworfen werden, wo sie sich der Welt der Erwachsenen entfremden und ihrem bisherigen Zuhause den Rücken kehren, da sind oft Entwurzelung und Heimatlosigkeit die Folge. Wo ist ein 16jähriger denn heute wirklich zu

Jesus als Partner

Bei Tagungen mit jungen Christen bitte ich die Teilnehmer des öfteren, ihr Verhältnis zu Jesus Christus mit einem passenden Bild oder Begriff zu beschreiben. Ich fordere sie zum Beispiel auf, den Satz zu vervollständigen: „Jesus ist für mich wie ..." Bei der anschließenden gemeinsamen Auswertung mache ich immer wieder dieselbe Feststellung: Viele junge Christen verständigen sich rasch auf den Satz: „Jesus ist für mich wie ein guter *Freund.*" Demgegenüber treten die aus der Bibel geläufigen messianischen Hoheitstitel beziehungsweise Vergleiche auffällig zurück. Sie gehören zwar nach wie vor zum Grundbestand des biblischen Wissens, aber sie sind längst nicht so aussagekräftig für junge Christen wie eben der Begriff „Freund".
Natürlich frage ich da jedesmal die jungen Leute: „Was bedeutet euch Jesus als guter Freund?" Aus den Antworten wird deutlich, daß für sie in einem Freundschaftsverhältnis die gegenseitige Offenheit und das Vertrauen von entscheidender Bedeutung sind. Die Verkündigung des Evangeliums hat in ihnen dieses Vertrauen zu Jesus geweckt. Sie können ihm im Gebet alles anvertrauen, was sie sonst nicht einmal dem nächsten Menschen in ihrer Umgebung sagen würden.
Sie bekennen auch, daß sie bei Jesus immer wieder Verständnis für ihre Probleme finden und daß sie mit seinem Rat und mit seiner Hilfe in schwierigen Lebenssituationen rechnen können. Jemand sagte: „Ein guter Freund ist sogar bereit, aus Liebe sein Leben für andere aufs Spiel zu setzen. Jedenfalls sagt das die Bibel. So war auch Jesus als unser Freund bereit, für uns zu sterben." Ist der Tod Jesu demnach nichts anderes als die logische Konsequenz seines Freundschaftsverhältnisses zu uns?
An dieser Stelle werden meine Gesprächspartner nun doch ein wenig nachdenklich. Wir fragen uns: Ist Jesus im Entscheidenden nicht doch mehr als ein guter Freund, auf den ich mich verlassen kann und der mit mir durch dick und dünn geht? Wir schlagen miteinander das Johannes-Evangelium auf und lesen die Worte Jesu: „Ihr seid meine Freunde, wenn ihr tut, was ich euch gebiete" (Johannes 15, 14).
Jesus hat also gar nichts dagegen, daß wir uns als seine

Freunde bezeichnen. Allerdings knüpft er diese Freundschaft an eine Bedingung: „Ihr sollt tun, was ich euch gebiete." Freundschaft zu Jesus ist nicht ohne konkreten Gehorsam möglich. „Das ist mir aber eine nette Freundschaft", platzt da ein 16jähriger heraus, dem plötzlich aufgeht, daß man Jesus als guten Freund im letzten eben nicht mit den Kriterien einer Freundschaft unter Menschen messen kann.

Keine gleichberechtigte Partnerschaft

Nach unserem Verständnis stehen sich Freunde immer als gleichberechtigte Partner gegenüber. Da hat keiner dem andern etwas zu befehlen, da wird man einander zwar raten und helfen, aber nicht voneinander Gehorsam erwarten. Bei Jesus ist das anders. Er ist als der gute *Freund* auch mein *Herr*. Bei ihm kann das *Vertrauen* einem Freund gegenüber nicht von dem *Gehorsam*, den ich ihm als Herrn schulde, getrennt werden. Dietrich Bonhoeffer hat darauf hingewiesen, daß Vertrauen beziehungsweise Glauben und Gehorsam unlöslich zusammengehören: „Nur der Glaubende ist gehorsam, und nur der Gehorsame glaubt."

Wenn junge Christen in Jesus überwiegend den guten Freund aus Nazareth sehen, aber von seinem Anspruch auf ihr Leben immer weniger wissen, dann hängt das sicher wesentlich mit der Verkündigung zusammen, die sie gehört haben.

Welchen Jesus verkündigen wir jungen Menschen? Diese Frage hängt konsequenterweise mit der anderen zusammen: Wie sehen wir den Menschen selbst?

Braucht der Mensch unserer Tage nur einen guten Freund, dem er vertrauen und auf dessen Rat er in schwierigen Lebenslagen zurückgreifen kann? Oder braucht er nicht auch einen *Retter*, der ihn aus der ewigen Verlorenheit befreit und seinem Leben einen neuen Sinn gibt? Ist er nicht auf den *Arzt* Jesus angewiesen, an den er sich mit allem Jammer und Schaden seines Lebens wenden kann, um Heilung und Hilfe zu erfahren? Bedarf er nicht auch des guten *Hirten*, der ihn aus seinen Verirrungen zurückholt und ihn mit anderen zerstreuten Schafen zu seiner Gemeinde zusammenführt und ihn auf grüner Weide erquickt?

Eine gefährliche Illusion

Ich habe die Sorge, daß wir den Menschen allzu optimistisch sehen, und darum unsere Christusverkündigung so wenig Tiefgang hat. Wir Menschen sind eben nicht von vorneherein partnerschaftsfähig für Gott. Es ist eine gefährliche Illusion zu meinen, der Mensch könne — so wie er ist — Gott offen gegenübertreten und ein freies, partnerschaftliches Verhältnis mit ihm beginnen. Wir leben nicht mehr im Paradies, die Sünde ist dazwischengekommen. Durch sie ist die einzigartige Würde des Menschen, seine Gottebenbildlichkeit, tiefgreifend zerstört worden.

Man mag als Theologe darüber streiten, wie stark das Bild des Menschen durch die Sünde kaputtgegangen ist. Die einen sagen: „Da gibt es noch einen guten Rest im Menschen: ein bißchen Gewissen, ein bißchen Hörbereitschaft, ein bißchen Sehnsucht nach Gott. Daran kann Gott anknüpfen. Es ist halt nicht alles zerstört." Andere stehen auf dem Standpunkt: „Es ist überhaupt nichts übriggeblieben, es ist alles zerstört bis auf die Grundmauern, wie bei einer alten, mittelalterlichen Stadt, die im Zweiten Weltkrieg zerbombt wurde. Kein Haus, keine Straße mehr — alles ist weg. Nichts ist wiederzuerkennen."

Doch lassen wir einmal dahingestellt, ob die Gottebenbildlichkeit des Menschen nur halb zerstört ist oder bis auf die Grundmauern. Fest steht auf jeden Fall: Wir können nicht mehr an der Unversehrtheit des Menschen als Partner Gottes anknüpfen. Es ist verhängnisvoll, den Menschen als Partner Gottes anzusprechen, weil er als heruntergekommener Sünder längst verspielt hat. Und es ist auch verhängnisvoll, weil wir auf diese Weise den Menschen in der Illusion bestärken, er sei im Grunde ganz in Ordnung, und es könne so schlimm um ihn gar nicht bestellt sein.

Machen wir es uns und auch anderen nicht zu leicht

Doch nun höre ich als Einwand: „Hat nicht der Vater den verlorenen Sohn nach seiner Heimkehr wieder als vollberechtigten Erben eingesetzt? Wird er nicht sogleich wieder als Partner Gottes angenommen?" Dieser Einwand läßt zwei entscheidende Erkenntnisse außer acht.

Zum einen wird dabei übergangen, daß der verlorene Sohn zuerst seine Verlorenheit erkennt. „Da ging er in sich", heißt es im Gleichnis (Lukas 15, 17). Am Anfang seiner Rückkehr steht die schmerzliche Erkenntnis: „Ich habe das Erbe verspielt. Ich kann nicht zu meinem Vater zurückkehren, als wäre nichts geschehen. Ich habe aus eigener Schuld den Vater verlassen. Mein Elend hat seinen Grund darin, daß ich nicht mehr zu Hause bei meinem Vater bin." Der verlorene Sohn beschönigt seine Situation nicht. Er wälzt auch nicht die Schuld für seine Lage auf andere ab und kommt nicht auf den Gedanken, einfach wieder zu seinem Vater zurückzukehren, ihm auf die Schulter zu klopfen und zu sagen: „Hallo, da bin ich wieder! Machen wir doch so weiter wie früher!"

Die Erkenntnis der eigenen Verlorenheit bleibt keinem erspart, der in die Lebensgemeinschaft mit seinem Schöpfer zurückkehrt. Sie ist die Voraussetzung dafür, daß Gott mich aus dem Staub erhebt und ich aufgrund seiner Barmherzigkeit wieder partnerschaftsfähig werde.

So ist es in der Bibel immer wieder Menschen ergangen, die sich selbst als Gegenüber zu dem heiligen Gott erkannten. Jesaja erschrak, als Gott ihn ein Stück seiner Herrlichkeit erblicken ließ: „Weh mir, ich vergehe! Denn ich bin unreiner Lippen und wohne unter einem Volk von unreinen Lippen" (Jesaja 6, 5). Auch Petrus überfiel ein Schrecken, als er nach dem erfolgreichen Fischzug in Jesus den Messias Gottes erkannte: „Herr, geh von mir hinaus! Ich bin ein sündiger Mensch" (Lukas 5, 8). Erst nach diesem Erschrecken, dem Zusammenbruch, der eigenen Kapitulation werden Jesaja und Petrus ebenso wie der verlorene Sohn zu Mitarbeitern Gottes berufen.

Damit bin ich bei der anderen Erkenntnis, mit der ich den oben erwähnten Einwand entkräften möchte. Der verlorene Sohn begreift, daß er nicht aus eigener Kraft heraus fähig ist, seine Lage zu verändern. Er versucht gar nicht erst, ein besserer Mensch zu werden, um auf diese Weise Anerkennung bei seinem Vater zu finden. Er legt auch keine Wiedergutmachungsschwüre ab. Er kommt und bittet um Erbarmen. Er weiß, daß er ohne die Liebe seines Vaters am Ende ist. Er unterwirft sich ganz dem Urteil seines Vaters. So fängt Gott seine Geschichte mit ihm von neuem an.

Bei Gott ist das unversehrte Original eines jeden Menschen über die Zeiten hinweg in guter Verwahrung geblieben. Er hat sich auch durch die Sünde, die das Bild des Menschen zerstört hat, nicht davon abbringen lassen, mit seinen Geschöpfen zum Ziel zu kommen. Freilich, dieser neue Schöpfungsakt vollzieht sich nicht von heute auf morgen. Er nimmt da seinen Anfang, wo Menschen sich illusionslos der Gnade Gottes anvertrauen und sich von Jesus Christus ihre Schuld vergeben lassen. Er setzt sich fort in der Nachfolge des Gekreuzigten, wo Jesus langsam, aber sicher das Leben seiner Jünger neu gestaltet. Er findet seine Vollendung in der Ewigkeit, wenn Menschen nach ihrer Auferweckung dem lebendigen Gott offen und ohne Scham ins Angesicht schauen werden.

Die Verharmlosung der Sünde

Bei meinen Verkündigungs- und Vortragsdiensten mache ich seit einiger Zeit die Erfahrung, daß es immer dann Widerspruch, ja gereizte Reaktionen gibt, wenn ich vom Menschen als Sünder rede, von der Bosheit des menschlichen Herzens oder gar vom Satan oder Teufel. Dieser Widerspruch wird nicht nur bei kirchenfremden Zuhörern laut, sondern gerade auch bei engagierten Christen.

Da stiegen Mitarbeiter aus der Vorbereitung einer Jugendwoche aus, weil ich Evangelisation als einen geistlichen Kampf bezeichnet hatte, bei dem es darum geht, daß Menschen aus dem Machtbereich der Finsternis herausgerettet werden und unter die Herrschaft Jesu Christi kommen (vergleiche Kolosser 1, 13). Mit ihrem Protest wollen sie mir zu verstehen geben: „Solche Redeweisen kann man doch einem fortschrittlichen Christen heute nicht mehr zumuten!" — Bei einer CVJM-Tagung mit jungen Erwachsenen kommt die lauernde Rückfrage: „Sie wollen doch nicht etwa behaupten, daß der Mensch von Natur aus böse ist?!" — Ein andermal findet im Kreis von hauptamtlichen Mitarbeitern der evangelischen Jugendarbeit die Bemerkung ungeteilten Beifall: „Ich kann jungen Menschen heute nichts mehr von Sünde oder Teufel sagen, ohne von ihnen ständig mißverstanden zu werden. Da laß ich es lieber gleich ganz sein." — Ein Jugendpfarrer hielt mir kürzlich entgegen: „Sie nehmen die Sünde viel zu wichtig. Die Sünde kann doch kein Thema unserer Verkündigung sein. Die jungen Menschen werden heutzutage genug gedeckelt. Da sollten wir alles tun, um sie zu ermutigen und aufzurichten." Offenbar konnte dieser Theologe das Reden von Sünde nur so verstehen, daß die Menschen dadurch noch kleiner gemacht werden.

Mißverständliches Reden von Sünde

Ich möchte diese kritischen Reaktionen als Anfragen an meine eigene Verkündigungspraxis sehr ernst nehmen. Ich möchte herausfinden: Sind diese Reaktionen möglicherweise durch Mißverständnisse entstanden — oder haben sie ihre Ursache in grundsätzlichen theologischen Differenzen?

Ich glaube, daß ich mich mit allen denen verständigen kann, die heute empfindlich, ja argwöhnisch auf ein unangemessenes und mißverständliches Reden von Sünde und Bosheit reagieren. Wir können ja nicht übersehen, daß in der Verkündigung der Kirche mit solchem Reden tatsächlich häufig Mißbrauch getrieben wurde. Haben sich die Prediger nicht oft mit Vorliebe auf die kleinen Sünden im persönlich-individuellen Bereich gestürzt — und die großen Sünden der Reichen und Mächtigen geflissentlich übergangen, obwohl unter ihrem Unrecht ganze Völker zu leiden hatten? Wird nicht bis in unsere Tage hinein die Sünde an der bürgerlichen Norm gemessen — und werden demnach nicht alle die zu Sündenböcken abgestempelt, die irgendwie aus dem Rahmen bürgerlicher Anständigkeit herausfallen?
Jeder Verkündiger sollte sich bewußt machen, daß sein Reden von Sünde mit Vorliebe als *moralische Lektion* verstanden wird. Meist natürlich als solche, die in erster Linie den andern gilt. Aber selbst wenn ein Mensch sich die Fähigkeit zur Selbstkritik erhalten hat, so fragt er nicht nach Gottes Maßstäben, sondern vergleicht sich mit dem, wie er sein möchte. Das bedeutet: Sünde ist für ihn der Abstand zwischen dem erstrebten Ideal und der Wirklichkeit seines Lebens.
Nun mag die Erkenntnis der Kluft zwischen dem eigenen Idealbild und der Wirklichkeit ein moralisches Schuldbewußtsein auslösen — von biblischer Sündenerkenntnis ist dieses Bewußtsein dennoch weit entfernt. Sündenerkenntnis hat nämlich nicht das eigene Ideal beziehungsweise die selbstgesetzten Moralvorstellungen als Gegenüber, sondern den lebendigen Gott und seine Gebote. Der Psalmbeter bekennt: „Vor dir allein habe ich gesündigt" (Psalm 51, 6). Darum kann biblisch-verantwortlich nur da von der Sünde des Menschen geredet werden, wo zugleich klar bezeugt wird: Gott hat einen Anspruch an dein Leben, den er durch seine Gebote geltend macht: „Ich bin der Herr, dein Gott!" Nur wenn *das erste Gebot* als Schlüsselsatz allen anderen Geboten vorangestellt wird, können wir in der Verkündigung dem moralischen Mißverständnis von Sünde und Übertretung entgehen. *Sünde* ist demnach *keine moralische Kategorie, sondern eine theologische.* Das heißt, Sünde ist die verkehrte

Grundrichtung des Menschen Gott gegenüber, sei es nun in bewußter Auflehnung gegen Gott oder in unbewußter Übertretung seiner Gebote.

Neben dem moralischen behauptet sich hartnäckig auch *das psychologische Mißverständnis:* Schuld und Sünde sind dann nur noch dort vorhanden, wo sie sich in Schuldgefühlen und Skrupeln der Menschen äußern. Unbestreitbar leiden zahlreiche Menschen unter solchen Komplexen und Skrupeln bis hin zu neurotischen Erkrankungen. Die Psychotherapeuten haben alle Hände voll zu tun, um die seelischen Verkrampfungen ihrer Patienten zu lösen und sie von ihren Schuldgefühlen zu befreien. Für viele ist es dabei eine ausgemachte Sache, daß gerade die christliche Verkündigung oder Frömmigkeit für die Entstehung solcher Skrupel und Komplexe mitverantwortlich zu machen ist. In geradezu wütenden Attacken wird alles christliche Reden vom Menschen als Sünder als menschenfeindlich und infam hingestellt.

Ich erinnere nur an die Schrift „Gottesvergiftung", in welcher der Psychoanalytiker Tilman Moser mit Gott als „Sadist" und „ewigem Nörgler" abrechnet und die pietistische Erziehung seines Elternhauses für seine quälenden Selbstvorwürfe und Schuldängste verantwortlich macht. Es ist nicht verwunderlich, wenn solche Attacken wie die von Moser auch im Raum der Kirche Wirkung zeigen und das Reden vom Menschen als Sünder zunehmend als peinlich empfunden wird. Welcher Verkündiger möchte den Vorwurf auf sich sitzen lassen, er beteilige sich an einer systematischen Vergiftung der menschlichen Seele? Sollen wir da nicht lieber auf das Reden vom Menschen als Sünder ganz verzichten, statt uns mitschuldig zu machen an der Entstehung „ekklesiogener Neurosen"? Wenn wir nur entschlossen genug die Liebe Gottes verkündigen, brauchen wir uns doch gar nicht erst bei der Sünde des Menschen aufzuhalten — oder?

Ich möchte auch hier beides ungetrennt festhalten: Gottes entschiedenes *Nein zur Sünde* wie seine unendliche Geduld und *Liebe zum Sünder.* Mosers Kritik ist insofern berechtigt, als sie eine gesetzlich-verengte Frömmigkeitspraxis trifft. In dieser Praxis stehen Gottes Strenge und sein Zorn über die Sünde des Menschen so stark im Vordergrund, daß dahinter seine Liebe und Geduld mit dem Sünder verblassen.

Die Sündenerkenntnis ist aber gerade echt und tiefgreifend, bei der der Mensch angesichts der Erkenntnis seiner Verlorenheit nicht verzweifelt, sondern sich entschlossen Jesus Christus als seinem Heiland zuwendet. Zugespitzt formuliert: Weder gibt es eine Sündenerkenntnis losgelöst von der Erkenntnis Jesu Christi als unserem Retter — noch gibt es eine Erkenntnis Jesu Christi ohne das Erschrecken über die eigene Verlorenheit.

„Denn Gott anerkennen in Jesus Christus heißt, sich selbst als Sünder erkennen, als einen, der diesen Jesus Christus braucht. So fällt beides ineinander, was sich sonst gegenseitig ausschließt, Gotteserkenntnis und Sündenerkenntnis. Unsere Gotteserkenntnis wird nur soweit wahr sein, als das Wesen der Sünde darin miterkannt und verstanden ist — und umgekehrt: Unsere Sündenerkenntnis wird nur soweit echt sein, als zugleich mit der Sünde das Wesen Gottes erkannt und verstanden wird" (Hans Joachim Iwand).

Ist der Mensch von Natur aus gut oder böse?

Auch wenn man sich ernsthaft bemüht hat, die christliche Verkündigung vom Menschen als Sünder und sein Angewiesensein auf die Gnade Gottes vor mißverständlichen Interpretationen zu schützen, so muß man trotzdem mit entschiedenem Widerspruch rechnen. Dieser Widerspruch wird da laut, wo grundsätzlich das Sündersein des Menschen bestritten und an seiner ursprünglichen Integrität festgehalten wird.

Die optimistische Einschätzung, der Mensch sei von Natur aus edel und gut, läßt sich mit der biblischen Analyse beim besten Willen nicht in Einklang bringen. Altes und Neues Testament bezeugen übereinstimmend: „Das Dichten und Trachten des menschlichen Herzens ist böse von Jugend auf" (1. Mose 8, 21). Und: „Sie sind allzumal Sünder und mangeln des Ruhmes, den sie bei Gott haben sollten" (Römer 3, 23). Die Bibel zeigt ungeschminkt die totale Verderbnis und die wurzelhafte Schuldverfallenheit der menschlichen Existenz. Die kirchliche Erbsündenlehre hat dies — zugegebenermaßen — nur ungenügend zum Ausdruck bringen können. Es geht ja weniger um eine biologische Vererbung der

Sünde als darum, daß die Sünde universalen Charakter trägt, das heißt zur Grundbefindlichkeit eines jeden Menschen hinzugehört. Der Mensch als Sünder ist zwar durchaus fähig zu einzelnen guten Taten — aber eben nicht zum Guten schlechthin, weil sein Wesen von der Sünde durchsäuert ist. Demgegenüber vertritt etwa der aufgeklärte Humanist die Auffassung, daß der Mensch wohl im konkreten Einzelfall immer wieder einmal versage, aber seine ursprüngliche Unversehrtheit dadurch nicht beeinträchtigt werde. Allerdings muß sich der vom Menschen überzeugte Humanist dann fragen lassen, wie er Haß, Gemeinheit und Unterdrückung in dieser Welt erklärt. Wie kann er angesichts einer ständig wachsenden Brutalisierung im Verhältnis der Menschen untereinander weiter mit ehrlicher Überzeugung die Auffassung vertreten, daß der Mensch von Natur aus gut sei? Was gibt ihm Veranlassung zu solch kühnem Glauben?
Offenbar ist dieser Glaube nur so durchzuhalten, daß der Mensch auf alle erdenkliche Weise entschuldigt wird. Bis hinein in unsere Strafprozesse können wir verfolgen, wie der Mensch von der Verantwortung für sein Tun freigesprochen wird. Plötzlich ist er das bedauernswerte Opfer einer autoritären Erziehung, das mißlungene Produkt seines Milieus oder der willenlose Spielball gesellschaftlicher Einflüsse. Weil der Mensch an sich gut ist, müssen nun Umwelt und Erziehung, politische Systeme und gesellschaftliche Zwänge als Sündenböcke zur Entlastung des Menschen herhalten. Seltsam nur, daß dann nicht mehr konsequent weiter danach gefragt wird, wie denn diese ungerechten Strukturen und den Menschen entwürdigenden gesellschaftlichen Zwänge entstanden sind! Wahrscheinlich wäre dieses konsequente Weiterfragen am Ende doch nur wieder peinlich und entlarvend für den Menschen.
Aufregend genug bleibt allerdings die Tatsache, wie sich angesichts der Bosheit in dieser Welt das optimistische Menschenbild wandelt: Aus dem freien, für sein Tun verantwortlichen Individuum wird der Mensch unter der Hand zum beinahe willenlosen Werkzeug der Umwelt, die ihn manipuliert. Natürlich weiß ich, daß das Böse auch in Strukturen und Systemen stecken kann. Natürlich ist mir bewußt, daß eine autoritäre Erziehung die Entwicklung eines Menschen negativ

beeinflussen kann. Nur — wir Menschen bleiben verantwortlich für unser Tun, selbst wenn sich im konkreten Fall das Maß der Schuld von den Kindern auf die Eltern, von den Armen auf die Reichen, von den Rechtlosen auf ihre Unterdrücker verlagert. Ich behaupte: Nicht derjenige macht den Menschen madig, der ihn als Sünder vor Gott bezeichnet, sondern der entmündigt den Menschen, der ihn zum Produkt seiner Umwelt macht und ihn so seiner Würde und Verantwortung als Geschöpf Gottes beraubt.

Gott in seinem Urteil über den Menschen recht geben

Wie können wir aber nun theologisch angemessen und seelsorgerlich verantwortlich von der Sünde des Menschen reden? Die scheinbar unausrottbaren moralischen und psychologischen Mißverständnisse der Sünde lassen uns diese Frage ebenso dringlich erscheinen wie die idealistische Überschätzung des Menschen, die am Ende doch nur zu seiner Entmündigung beziehungsweise Verantwortungslosigkeit führt. Ich möchte mit einer negativen Feststellung beginnen: Eben weil Sünde eine theologische Kategorie darstellt, wird man sie keinem Menschen eintrichtern können. Da haben es die Moralisten viel einfacher. Sie können die Sünde als etwas Schmutziges, Gemeines, Ekelerregendes brandmarken und darauf hoffen, daß der um bürgerliche Anständigkeit bemühte Mensch ihrem Urteil beipflichtet. Solche „ehrliche Empörung" über die „Sünde" des Menschen kennen wir zur Genüge. Sie trifft vorzugsweise die schwarzen Schafe unserer Gesellschaft und bestärkt letztlich den „normalen" Bürger in seiner eigenen moralischen Überlegenheit. Gemessen an den miesen Verbrechen Krimineller und der kaltblütigen Brutalität von Terroristen steht er geradezu mit blütenweißer Weste da.
Theologisch gesehen hat Sünde ihre Wurzel im Seinwollen wie Gott (1. Mose 3, 5), also im Autonomiestreben des menschlichen Herzens. Welcher Moralist würde akzeptieren, daß sich — wie die Bibel mit unbestechlichem Urteil sagt — hinter der vielbeschworenen Selbstverwirklichung zumeist nur der trotzige Versuch menschlicher Selbstrechtfertigung verbirgt? Gerade die Sündenfallgeschichte in 1. Mose 3 macht

ja deutlich, daß die Sünde in den Augen der Menschen durchaus etwas Begehrenswertes, Schönes, Erhabenes sein kann. Eva jedenfalls gewann den Eindruck, „daß von dem Baum gut zu essen wäre und daß er eine Lust für die Augen wäre und verlockend, weil er klug machte" (1. Mose 3, 6). Warum sollte das Essen von der Frucht des Baumes eine schwerwiegende Sünde sein? Doch nur, weil es eine Versündigung an Gott und seinem Gebot darstellte.

Ein anderer Grund, warum wir keinem Menschen eine Sündenerkenntnis aufzwingen können, hängt ganz schlicht damit zusammen, daß nur der Geist Gottes einem Menschen seine Sünde aufdecken kann. Wenn ein Mensch über seine Schuld erschrickt und die Vergebung sucht, dann ist ihm solche Erkenntnis von Gott selbst offenbart worden. Wir Verkündiger können Gott immer nur darum bitten, daß er unsere Botschaft bevollmächtigt und wir nicht aus ängstlicher Menschenscheu um die Sünde wie um einen heißen Brei herumreden. Und wir können wohl auch nur dann den Angriff auf das Herz des Menschen wagen und ihm seine Sünde vorhalten, wenn wir selbst ständig neu bitten: „Herr, bewahre mich vor trügerischer Sicherheit. Zeige mir meine verborgenen Fehler. Laß mich Deine Vergebung suchen und darüber froh und gewiß werden." Wen als Verkündiger nicht die Sorge treibt, er könne anderen predigen und darüber womöglich selber verwerflich werden, der redet wohl allzu leichtfertig von der Sünde des Menschen.

Wie kommt die Sünde eines Menschen angemessen zur Sprache? Indem wir Gott recht geben in seinem Urteil über den Menschen. In dem bekannten Bußgebet Davids, dem 51. Psalm, finden wir den Satz: „An dir allein habe ich gesündigt, damit du recht behältst in deinem (Richter-)Spruch" (Psalm 51, 6). Mit diesen Worten unterwirft David sich freiwillig, in der Erkenntnis seiner Schuld, dem Richtspruch Gottes. Er gibt Gott recht — gegen sich. Martin Luther hat dies „Deum justificare" genannt: „Gott recht geben" (wörtlich: Gott rechtfertigen). In der reformatorischen Rechtfertigungslehre geht es daher nicht allein um die Rechtfertigung des Menschen vor Gott, sondern zugleich und unumgänglich um die Rechtfertigung Gottes im Menschen.

Dieses Gott-recht-Geben beginnt da, wo ich als Verkündiger

den Menschen von dem Urteil Gottes in Kenntnis setze. Dieses Urteil lautet: „Du bist schuldig! Du bist verloren! Du hast keine Chance, vor Gott bestehen oder dich gar herausreden zu können." Dieses Urteil Gottes über den Menschen ist so ziemlich das Gegenteil von dem, was der Mensch normalerweise von sich denkt. Gott recht geben heißt darum für den Prediger: dem Menschen in seiner Selbsteinschätzung *nicht* recht geben, ihm klipp und klar sagen, daß Gott ihn für so verloren ansieht, daß kein Verharmlosen und Beschönigen, keine moralische Anstrengung und keine Wiedergutmachungsbeteuerung ihm helfen können. Das Urteil Gottes über die Chancenlosigkeit des Menschen wird nun aber nirgends deutlicher als im Leiden und Sterben Jesu Christi. Hier wird ihm der Spiegel vorgehalten, in dem er gewahr wird, wie Gott seine Lage sieht. Gott recht geben heißt darum bekennen:

> „Nun, was du, Herr, erduldet, ist alles meine Last;
> ich hab es selbst verschuldet, was du getragen hast.
> Schau her, hier steh ich Armer, der Zorn verdient hat.
> Gib mir, o mein Erbarmer, den Anblick deiner Gnad."
> (EKG 63, 4)

Gott fällt seinen Schuldspruch nicht, um uns zu verdammen — so wenig wie ein Arzt die Diagnose stellt, um den Kranken dem Tode preiszugeben. Freilich, wo ein menschlicher Arzt hilflos vor einer tödlichen Erkrankung steht, da vermag Jesus Christus uns von der „Krankheit zum Tode" zu heilen. Gott recht geben heißt darum eben auch: zu der Medizin greifen, die Gott uns in Jesus Christus anbietet. Das Kreuz Jesu Christi ist die göttliche Arznei, mit der wir von der verfluchten Selbstsucht geheilt werden sollen.

Noch einmal Hans Joachim Iwand in seiner Darstellung der „Glaubensgerechtigkeit nach Luthers Lehre": „Wir glauben es Gott, daß er nicht zum Scherz oder umsonst an unser Krankenlager tritt, und wir lernen unter seiner heilenden Hand erst allmählich begreifen, daß Sünde wirklich Krankheit zum Tode ist. Wir sind schon immer frei von ihr, wenn uns aufgeht, wie tief wir in ihr verloren waren. Denn so wie die Verblendung zum Sieg der Sünde über uns gehört, so ist die Erkenntnis das Zeichen unseres Sieges über sie."

Ich frage mich, ob die Verkündigung unserer Tage nicht

durch eine erschreckende Verharmlosung der Sünde als der Krankheit zum Tode gekennzeichnet ist. Ist das Fehlen der Sündenerkenntnis nicht ganz wesentlich auf eine Verkündigung zurückzuführen, die nicht mehr wagt, schonungslos gegen den Menschen Stellung zu beziehen und zuallererst Gott in seinem Urteil über den Menschen recht zu geben? Ich kann nicht beides: dem unerlösten Menschen in seinen Wünschen und Sehnsüchten recht geben — und gleichzeitig Gott in seinem Urteilspruch über den Menschen ins Recht setzen. Wer den Menschen zu heilsamer Selbsterkenntnis helfen will, der muß erst einmal einseitig die Partei Gottes ergreifen und den Menschen ins Unrecht setzen.

Die Doppelbewegung des Glaubens

„Kommen eigentlich junge Menschen noch zum lebendigen Glauben an Jesus?" — „Zielt unsere Verkündigung im CVJM darauf ab, daß junge Menschen eine bewußte Entscheidung für Jesus treffen?" — „Welche erkennbaren Veränderungen bewirkt die Bekehrung im Leben eines Menschen?" Solche und ähnliche Fragen bewegten uns auf einer Tagung mit verantwortlichen Mitarbeitern aus der CVJM-Arbeit. Wir haben es uns mit diesen Fragen nicht leicht gemacht. Wir waren uns einig darin, daß die Bekehrung von Menschen sich auf vielfältige Weise vollziehen kann und jedes Schematisieren dem Wirken Gottes in seiner Vielfalt nicht gerecht würde. Es gibt keinen „Bekehrungs-Fahrplan", mit dem man die Echtheit des Glaubens bei einem Menschen überprüfen kann.
Ich habe den Eindruck, daß junge Menschen in unseren Vereinen und Gemeinden offen sind für geistliche Lebensformen: Sie singen und spielen gerne die neuen geistlichen Lieder, sie treffen sich zu Gebetsgemeinschaften, sie lesen in der Bibel und engagieren sich in den Gruppen. Sie bringen für manche Nöte unserer Zeit eine erstaunliche Sensibilität auf. All das ist erfreulich — und doch scheint da etwas Entscheidendes zu fehlen.
Ein Teilnehmer der Tagung meinte: „Früher war klar, wenn einer Christ geworden war. Man konnte es an seinem veränderten Lebenswandel ablesen. Heute bin ich irritiert, wenn ich aus dem Munde unserer jungen Mitarbeiter Auffassungen höre, die ich bei einem Christen nicht erwartet hätte. Dabei will ich diesem Mitarbeiter ja gar nicht die Echtheit seines Engagements absprechen. Aber irgendwo fehlt es in seinem Glauben an Entschiedenheit und Konsequenz."
Diese Beobachtung kommt der Wirklichkeit in vielen christlichen Jugend- und Gemeindegruppen recht nahe. Da ist erfreuliches geistliches Leben mit vielfältigen Ausdrucksformen entstanden, aber gleichzeitig ist doch die Erkenntnis verkümmert, daß Christwerden Konsequenzen für das ganze Leben hat. Viele Mitarbeiter, die in unseren Gemeinden und Vereinen heranwachsen, erfahren das Zum-Glauben-Kommen nicht mehr auf dem Hintergrund des Sterbenmüssens,

des Loslassens von erkannter Sünde, der Trennung von ganz bestimmten Lebensgewohnheiten.
Neutestamentlich ist Bekehrung aber immer ein doppelter Akt: Abkehr von der Sünde — und Hinkehr zu Jesus Christus. Es ist wie bei einem Artisten unter der Zirkuskuppel: Er muß loslassen, um im nächsten Augenblick wieder fest zupacken und neuen Halt gewinnen zu können. Ohne Loszulassen kann der Sprung an das andere Trapez nicht gelingen. So ist es auch mit dem Glauben: Man gewinnt erst dann festen Halt bei Jesus, wenn man zuvor losgelassen hat. Nur wer sich von seinem bisherigen Leben trennt, wer sich von Sünde und alter Gewohnheit losreißt, wer seine selbstgezimmerten Lebenspläne fahren läßt — nur der kann den Sprung in Gottes rettende Arme tun und nur der gewinnt neuen Halt bei Jesus.
Ich will denselben Sachverhalt noch an einem weniger atemberaubenden Bild veranschaulichen. Dieses Bild stammt aus der urchristlichen Taufpraxis. Es vergleicht das Christwerden mit dem *Ausziehen* der alten und dem *Anziehen* der neuen Kleider. Wenn in der urchristlichen Gemeinde ein Mensch Christ wurde, ließ er sich taufen. Er legte dazu seine alten Sachen ab, wurde ganz ins Wasser getaucht und bekam danach als Zeichen für das neue Leben ein weißes Kleid übergestreift. Paulus beschreibt im Anschluß an diesen Taufvorgang die doppelte Bewegung des Glaubens so: „Ihr habt ja *ausgezogen* den alten Menschen mit seinen Werken und *angezogen* den neuen, der da erneuert wird zur Erkenntnis nach dem Ebenbilde des, der ihn geschaffen hat" (Kolosser 3, 9—10). Oder er fordert die Christen in Rom auf: „So lasset uns *ablegen* die Werke der Finsternis und anlegen die Waffen des Lichts ... *Ziehet an* den Herrn Jesus Christus und wartet des Leibes nicht so, daß ihr seinen Begierden verfallet" (Römer 13, 12. 14). In der alten lutherischen Taufformel ist dieses Aus- und Anziehen im Lossprechen vom Teufel und seinen Werken und dem Ergeben in Gottes Willen bewahrt worden: „Ich entsage dem Teufel und allen seinen Werken und ergebe mich Dir, dreieiniger Gott ..."
Aber heute? Ich habe den Eindruck, daß manche jungen Christen „den Herrn Jesus Christus anziehen", dabei aber versäumen, die Kleider des alten Lebens abzulegen. Jeder kann

sich denken, daß man dabei schnell ins Schwitzen gerät und über seinen Glauben nicht richtig froh wird. Aber ist es den jungen Christen je anders gesagt worden? Verkümmert ihre Sündenerkenntnis nicht deswegen, weil wir Verkündiger keinen Mut haben, an ihr Leben den unbestechlichen Maßstab der Gebote Gottes anzulegen? Und weil wir uns scheuen, Sünde auch wirklich Sünde zu nennen? Ist unsere Seelsorge von dem ernsthaften Bemühen gekennzeichnet, Menschen durch den Losspruch von erkannter und bereuter Sünde zu entlasten?

Vergebung als Schleuderware

Ich muß an dieser Stelle einmal einige kritische Bemerkungen über die gottesdienstliche Praxis unserer Evangelischen Kirche machen. Zum liturgischen Ablauf unserer Gottesdienste gehört bekanntlich Sonntag für Sonntag das allgemeine Sündenbekenntnis, an das sich postwendend die Gnadenzusage an die Gemeinde anschließt. Den Gottesdienstbesuchern werden also nach altem liturgischem Brauch und dazu noch pastoral beglaubigt Freifahrscheine ausgestellt, die sie bedenkenlos weiter drauflossündigen lassen. Am nächsten Sonntag wird ihnen ja wieder die Vergebung ihrer Sünden zugesprochen — und es kostet sie wieder nichts. Sie müssen nicht einmal ihr eigenes Leben im Spiegel der Gebote Gottes selbstkritisch bedenken. Viele Pastoren erwarten offenbar von ihnen nicht, daß sie sich wegen ihrer Sünden schämen und daß sie sie von Herzen bereuen. Mancher Seelsorger würde sie gar von dem Versuch bewahren wollen, nun ganz konkret von erkannter Sünde zu lassen und sich zu bessern. Das könnte ja womöglich in einem schlimmen Vollkommenheitsstreben enden oder doch zumindest in ein fragwürdiges Bemühen um persönliche Heiligung einmünden! Nein, Gnade muß doch Gnade bleiben — und darum wird sie mit vollen Händen unter die Menschen verteilt. Es ist gleichgültig, ob jemand sie ehrlichen Herzens aus einem unruhigen Gewissen heraus begehrt oder ob jemand sie gedankenlos zum Weitersündigen wie bisher mißbraucht.

Auch unsere kirchliche Abendmahlspraxis fördert die Verramschung der wirklichen Gnade. Früher ist es in manchen

Gegenden noch üblich gewesen, daß die Gemeindeglieder sich vorher bei ihrem Pastor zum Abendmahl angemeldet haben. Der Seelsorger hatte dann die Möglichkeit, im persönlichen Gespräch ungeklärte Schuld im Leben seiner Gemeindeglieder anzusprechen. So wurde ganz konkret Gemeindezucht geübt — etwa wenn einem Gemeindeglied zur Auflage gemacht wurde, sich erst mit seinem Nachbarn auszusöhnen und dann zum Tisch des Herrn zu gehen. Heute ist es schon fast etwas Besonderes, wenn der Pastor nach dem allgemeinen Sündenbekenntnis die Gemeindeglieder auffordert, in der Stille ganz persönlich die erkannte Sünde vor Gott zu bekennen. Normalerweise wird dem Gottesdienstbesucher nach einem allgemeinen Sündenbekenntnis die Frage vorgelegt, ob dies nun sein aufrichtiges Bekenntnis sei und er die Vergebung seiner Sünden um Jesu Christi willen begehre. Und die vom Pastor vorgeschlagene Antwort „Ja" kommt von der Gemeinde als Echo zurück. Wie sollte sie auch anders reagieren können, wo ihr ja keine Minute zur Besinnung bleibt? Dafür wird ihr dann zugesichert, daß durch Jesu Blut alles wieder gut sei. Immerhin bleibt anschließend wenigstens jedem einzelnen die Entscheidung überlassen, ob er nach vorne zum Tisch des Herrn geht, um in Brot und Wein zu schmecken, „wie freundlich der Herr ist".

Wem bei dieser Abendmahlspraxis noch nie wohl war, der ist vielleicht von den letzten Evangelischen Kirchentagen beglückt nach Hause gekommen. Auf diesen Kirchentagen ist das liturgisch eingezwängte Abendmahl zum fröhlichen Feierabendmahl umfunktioniert worden und siehe da: Nun werden den Abendmahlsgästen kein Beichtgebet und kein Vergebungszuspruch übergestülpt; nun müssen sie dem Pastor nicht mehr die Frage beantworten, ob sie die Vergebung für ihre Sünden suchen; — nein, sie können sich ganz einfach an der Gemeinschaft freuen, die Jesus Christus gestiftet hat und Brot und Wein untereinander verteilen. Es stimmt: Bei den großen Feierabendmahls-Feiern während des Kirchentages kam es schon mal zu Verteilungsproblemen, weil die einen Brot und Wein für sich behielten und die anderen auf den hinteren Plätzen gar nichts mehr mitkriegten. Aber dieses Problem hat es in den urchristlichen Abendmahlsfeiern in Korinth ja auch schon gegeben. Manche Christen sollen

sich damals sogar beim Abendmahl betrunken haben. Paulus hat sie deswegen ja auch ernstlich ins Gebet genommen. Vielleicht müssen bei uns erst wieder korinthische Verhältnisse einkehren, bevor wir erkennen, daß man Jesu blutiges Opfer am Kreuz wirklich nicht als feucht-fröhliches Happening nach Feierabend zelebrieren kann. Hoffentlich findet dann die Warnung des Apostels Paulus in unserer Kirche auch wieder Gehör: „Welcher nun unwürdig von diesem Brot ißt oder von dem Kelch des Herrn trinkt, der ist schuldig an dem Leib und Blut des Herrn" (1. Korinther 11, 27).
Ich persönlich kann allerdings nicht warten, bis es soweit ist. Ich muß bekennen, daß mir Bonhoeffers entlarvende Kritik der billigen Gnade als Prediger und Hörer des Evangeliums tief in den Knochen sitzt und mich nachhaltig beunruhigt. „Billige Gnade ist Predigt der Vergebung ohne Buße, ist Taufe ohne Gemeindezucht, ist Abendmahl ohne Bekenntnis der Sünden, ist Absolution ohne persönliche Beichte", so hat Dietrich Bonhoeffer in seinem Buch „Nachfolge" geurteilt. Wenn ich dieses Urteil gelten lasse, muß ich mich selber fragen: Was kann ich als Verkündiger tun, um der Verramschung der teuren Gnade Gottes — sie kostete ihn immerhin das Leben seines Sohnes — beherzt entgegenzuwirken? Was muß in der Praxis meiner Verkündigung und Seelsorge anders werden, um die mir anvertrauten Menschen nicht länger um ein heilsames Sterben, das heißt um ein konkretes Bekennen und Loslassen ihrer Sünde zu betrügen?

Mut machen zum Loslassen und Abgeben

Nicht nur jungen Menschen fehlen heute weithin die göttlichen Maßstäbe, Gut und Böse zu unterscheiden. Dabei sind uns von altersher diese Maßstäbe in den Zehn Geboten überliefert. Ich möchte Menschen helfen, an diesen Geboten Maß zu nehmen und ihr tägliches Leben an ihnen zu überprüfen. „Gottes Gebote sind ein Spiegel. Gott will, daß wir uns selbst erkennen. Dazu bedarf es eines unbestechlichen Maßstabes. Niemand erkennt sich selbst, wer nur das sieht, was er sehen will. Wenn wir selbst unser Spiegel sein wollen, enden wir bei der Schmeichelei oder bei der Verzweiflung" (Hans Asmussen).

Eine Hilfe zur Selbstbesinnung und Selbstprüfung vor dem Angesicht Gottes ist ein sogenannter *Beichtspiegel*. Darin sind zu den einzelnen Geboten konkrete Fragen formuliert, an denen wir unser Leben kritisch überprüfen können. Ich möchte einen solchen Beichtspiegel aus dem Evangelischen Erwachsenen-Katechismus (S. 1201—1202) auszugsweise vorstellen:

„Worauf verläßt du dich in deinem Leben? Auf deine Arbeitskraft, dein Geld, deine geistigen Gaben, deine Beziehungen, deine Anständigkeit, deine Frömmigkeit, deine Bekehrung?

Wem gehört dein Herz? Einem Menschen, einer Leidenschaft, deiner Arbeit, deiner Familie? Und wenn Gott dir das nimmt, was dann?

Was bedeutet dir der Name ‚Gott'? Gebrauchst du ihn gedankenlos in deiner Rede? Hast du Angst, dich vor anderen zu ihm zu bekennen? Gibst du dich frömmer, als du bist?

Wodurch ist dein Gebet bestimmt? Von der Gewohnheit, so daß es leer und kraftlos ist; von der Bequemlichkeit, so daß es selten geschieht?

Warum betest du? Um deinen Willen bei Gott durchzusetzen?

Hältst du an am Gebet, auch wenn Gott dich nicht zu erhören scheint?

Wie sieht dein Sonntag aus? Suchst du Zerstreuung und Betrieb oder Stärkung für Leib und Seele, Ruhe und Freude? Welche Rolle spielen Gottesdienst und Abendmahl in deinem Leben? Meidest du sie etwa, weil du dich nicht von einer sündlichen Bindung lösen willst?

Was sind dir deine Eltern wert? Hörst du auf sie? Sorgst du für sie? Wer hat Einfluß auf deine Kinder? Hast du Zeit für sie? Lebst du so, daß sie dich zum Vorbild nehmen könnten? Wie stehst du zu deinen Vorgesetzten? Hintergehst du sie? Kriechst du vor ihnen? Was tust du, wenn sie Fehler machen?

Treibst du Raubbau an deiner Gesundheit? Gönnst du dir zu wenig Schlaf? Bist du süchtig? Kämpfst du gegen Verzweiflung und Selbstmordgedanken? Scheust du dich, dein Leben für das Wohl anderer einzusetzen?

Bedenkst du vor der Ehe die Verantwortung für die Ehe und handelst du danach? Ist dir die Ehe des anderen unantastbar? Wie sieht deine Ehe aus? Fliehst du aus ihr in die Arbeit, das Vergnügen, die Liebhaberei? Hast du Zeit für deinen Ehegatten? Läßt du ihm die nötige Freiheit? Steht zwischen dir und ihm ein anderer Mensch?

Achtest du fremdes Eigentum? Hast du Dinge im Besitz, die dir nicht gehören? Hast du dich auf Kosten anderer bereichert? Stiehlst du durch schlechte Arbeit?

Worüber redest du? Über die Fehler anderer? Über deine eigenen Leistungen? Hast du jemanden verleumdet? Bist du schnell im Urteil über andere, aber langsam, sie zu entschuldigen? Hast du anvertraute Geheimnisse bewahrt? Bist du treu in der Fürbitte, gerade für die, mit denen du es schwer hast auszukommen?

Hast du dich dem unbegrenzten Anspruch Gottes auf dein Leben entzogen? Setzt du dich dem Gericht Gottes täglich aus oder rechtfertigst du dich selbst?"

Bei Mitarbeiterschulungen und auf Freizeiten verteile ich gelegentlich an die Teilnehmer ein Blatt mit den Fragen dieses Beichtspiegels. Ich bitte sie, am Ende des Tages damit in die Stille zu gehen und anhand der Fragen den zurückliegenden Tag selbstkritisch zu überdenken. Ich mache ihnen Mut, einmal das, was ihnen dabei an Versagen, Versäumnis und Schuld bewußt wird, auf einen Zettel aufzuschreiben. Natürlich soll dann niemand mit der erkannten Schuld alleinbleiben. Ich möchte Menschen Wege aufzeigen, wie sie Vergebung ihrer erkannten Schuld finden können. Ich mache ihnen Mut, keinen Tag ohne Inanspruchnahme der Vergebung im Gebet abzuschließen. Dazu können ihnen die vorhergehende Zeit der Stille und das Aufschreiben erkannter Schuld und Versäumnisse auf einem Zettel eine Hilfe sein.

Ich erbitte mir als Verkündiger und Seelsorger den Mut, jungen wie älteren Christen das persönliche Beichtgespräch anzubieten — was allerdings nur insoweit glaubwürdig ist, wie ich solche Beichte selbst in Anspruch nehme. Martin Luther hat sie „das allerheilsamste Ding" genannt, das er sich von niemandem nehmen lassen wollte.

Leider ist in der Evangelischen Kirche aus der Ablehnung des katholischen Beichtzwanges eine grundsätzliche Verachtung der Einzelbeichte erwachsen — zum geistlichen Schaden unserer ganzen Kirche. Einzelbeichte ist besonders da rat-

sam, wo Menschen trotz ehrlichen Bemühens nicht von ihrer Sünde loskommen — oder da, wo sie der Vergebung ihrer Sünden nicht gewiß werden. Wer sich allein mit seiner Sünde herumquält und nicht zum Frieden kommt, wer immer wieder neu in alte Sünden zurückfällt und im Glauben nicht von der Stelle kommt, wer allein zu schwach ist, um mit erkannter Sünde zu brechen, den möchte ich ermuntern, das persönliche Beichtgespräch mit einem Christen seines Vertrauens zu suchen.
Ich möchte in natürlicher Selbstverständlichkeit von der Beichte reden, ihr den Nimbus des Geheimnisvollen nehmen und sie auch von dem Makel befreien, als ob hier ein Mensch vor einem andern „zu Kreuze kröche". Gewiß kostet es Überwindung, erkannte Sünde in Gegenwart eines anderen Christen auszusprechen, denn der Stolz eines jeden Menschen wird dadurch tief erschüttert. Aber wer sich wegen seiner Sünde schämt und sie in Gegenwart eines anderen nur stokkend bekennt, der wird nach dem direkten Zuspruch der Vergebung wieder aufatmen, lachen und jubeln können.
Unzählige Christen sind in ihrem geistlichen Leben lahmgelegt, weil sie aus dem eingefahrenen Geleise ihrer alten Sünden nicht herauskommen. Wie viele bleiben liegen, wenn sie erst einmal oft genug gefallen sind, und sind enttäuscht, weil sie in ihrem Leben nichts von der Kraft Jesu Christi erfahren. Dabei könnten sie diese Widerstandskraft gegen die Versuchung und gegen die Sünde durchaus mobilisieren. Sie müßten nur den Mut haben, ihre Lasten abzugeben und seelsorgerliche Hilfe in Anspruch zu nehmen. Es müßten nur Verkündiger und Seelsorger da sein, die ihre Vollmacht zur Lossprechung kennen und mit diesem Pfund wuchern.
Wir bleiben wohl bis an unser Lebensende Sünder und daher auf die grenzenlose Vergebungsbereitschaft Gottes angewiesen. Aber unser ganzes Christsein wäre doch ein trostloser Krampf, wenn wir nicht immer wieder erfahren könnten, wie Gott uns durch den Zuspruch der Vergebung und die Fürbitte anderer Christen über die Sünde siegen ließe. Nein, wir Christen müssen nicht mehr fahrplanmäßig drauflossündigen. Wir können der Versuchung widerstehen und der Sünde entfliehen, wenn sie nach uns greift.

Leben nach Gottes Maßstäben

In einer Abschiedsrede, die Abiturienten eines nordrhein-westfälischen Gymnasiums für ihre Abschiedsfeier in der Schule erarbeitet hatten, fand ich folgende Sätze: „Ein weiterer Grund für die Gleichgültigkeit der Jugendlichen besteht sicher in der Verunsicherung, die auf eine allgemeine Orientierungslosigkeit zurückzuführen ist. Es gibt nicht mehr wie früher einen feststehenden Wertekatalog, in dem man erzogen wird und der einen Maßstab gibt für Entscheidungen. Vielmehr stehen wir einem großen Angebot von Werten gegenüber, und wir sollen uns daraus aussuchen, was uns als das Beste erscheint. Wie aber sollen wir erkennen, welches die höheren Werte sind, wenn wir überall nur sehen, daß Normen hinterfragt und zerstört werden? Was fehlt, ist jemand, der Vorbild ist, jemand, der hinter den Werten steht, die er anbietet. Dies könnten in erster Linie die Eltern sein. Doch von ihnen kommen oft nur Anordnungen, die auf Normen beruhen, welche nicht begründet werden können und die zusammenfallen, sobald man sie in Frage stellt; mögen sie auch auf Tradition beruhen und deshalb weitergegeben werden, so werden sie doch von den Eltern selber nicht gelebt. Eltern, die wirklich noch echte Werte zu vermitteln hätten, trauen sich oft nicht, ihre Kinder demgemäß zu erziehen, weil auch sie verunsichert sind in ihren Überzeugungen. Der Lehrer hätte aus seiner Position des Erziehers heraus ebenfalls die Möglichkeit, dem Jugendlichen Halt zu geben in seiner Verunsicherung, doch von seinem rechtlich festgelegten Aufgabenbereich her darf er dies nicht mehr. Dem Schüler sollen keine Weltanschauungen, keine Details und keine Wertungen mehr vermittelt werden, sondern einfach nur Fertigkeiten und Fähigkeiten."
Ich halte diese Sätze für einigermaßen aufregend. Da sind 18- und 19jährige Abiturienten — als junge Erwachsene inzwischen mündige Bürger unseres Staates —, die nicht, wie wir vielleicht erwarten würden, mit Werten und Maßstäben der Erwachsenen abrechnen. Statt dessen beklagen sie unumwunden, daß ihnen Eltern und Lehrer kein Vorbild mehr sind, ihnen keine Werte und Maßstäbe vermitteln, sondern sich zurückgezogen und sie ohne Orientierungsangebote sich

selbst überlassen haben. Wir spüren aus diesen Sätzen die Ratlosigkeit: Was ist gut, was ist richtig für mein Leben? Nach welchen Maßstäben soll ich mein Leben gestalten? Welche Werte sind unverzichtbar für ein menschenwürdiges Leben? Offenbar können heute selbst viele Erwachsene, Eltern und Erzieher keine verbindlichen, glaubwürdig gelebten Antworten mehr auf diese Fragen geben. Aber tun wir es denn in unserer Verkündigung und Seelsorge, mehr noch: in unserem ganzen Leben?
Kürzlich sprachen mich auf einer Tagung zwei junge Menschen an: Er und sie waren etwa 18 Jahre alt und seit ein paar Monaten fest miteinander befreundet. Beide waren Christen, und sie wollten von mir gerne wissen, wie sie ihre Partnerschaft in der Verantwortung voreinander und vor Gott gestalten sollten. Im Gespräch stellte sich heraus, daß beide über ihre Freundschaft auch schon mit ihren Eltern gesprochen hatten. „Welch ein Glücksfall!" dachte ich. Aber dann kam der enttäuschte Satz des Mädchens: „Meine Mutter meinte nur, ich soll mir man bloß rasch die Pille verschreiben lassen und zusehen, daß wir ja kein Kind kriegten, denn sonst könnte ich mir das Studium aus dem Kopf schlagen." Und ihr Freund fügte hinzu: „Dabei wollen wir doch noch gar nicht miteinander schlafen. Wir wollten nur gerne von den Eltern wissen, wie wir vor der Ehe verantwortlich miteinander umgehen können."
Was ist gut? Was ist richtig? Wer bietet verläßlich Orientierung? Es sieht so aus, als ob heute vor allem die Erwachsenen keinen festen Boden unter den Füßen und kein Geländer mehr an der Hand haben. In der Gegenwart treten unsere ganze Haltlosigkeit und Orientierungslosigkeit mit erschreckender Deutlichkeit zutage. Ein allgemeiner Trend zur Gesetzlosigkeit hat die Stützen und Geländer bisher verbindlicher Werte und Normen für unser Leben weggeschlagen.

Verführung zur Gesetzlosigkeit

Aus dem Munde zahlloser Psychologen und Pädagogen, aus Massenmedien und Fachzeitschriften hallt es unisono dem Zeitgenossen entgegen: „Laß dich nicht länger von Gesetzen und Ordnungen einengen! Du hast ein Recht auf ungehin-

derte Selbstverwirklichung!" Ob etwas gut und richtig ist, das wird nicht länger mehr von moralischen Maßstäben her beurteilt, sondern danach, ob es der ungehinderten Selbstverwirklichung dient. Auf eine einfache Formel gebracht: „Du bist dein eigener Herr! Darum tue, was dir Spaß macht!" So wird das Lustprinzip auch in unseren Massenmedien als oberste ethische Norm propagiert. Millionen junger Deutscher beziehen ihre ethische Orientierung nicht zuletzt aus Jugendzeitschriften wie „Bravo" und „Rocky". Zahllose Jugendliche wenden sich mit ihren Fragen und Problemen an diese ratgebenden Medien, die immer schon die einleuchtende Lösung parat haben.
Da schreibt die 16jährige Sylvia an „Bravo": „Liebe Bravo, ich bin 16 Jahre, heiße Sylvia und habe da ein Problem. Seit 6 Wochen haben wir in unserer Klasse einen neuen Englischlehrer. Er ist jung, unverheiratet und ungeheuer sympathisch. Einige von uns Mädchen in der Klasse haben sich Hals über Kopf in ihn verliebt. Auch ich. Am liebsten würde ich ihn umarmen und küssen. Liebe Bravo, was soll ich nur tun?" Und „Bravo" antwortet: „Liebe Sylvia! Wir können dich ja so gut verstehen. Dein Englischlehrer muß ja wirklich ein toller Typ sein. Das beste ist, du wartest, bis Pause ist und die anderen die Klasse verlassen haben. Dann geh hin und umarm ihn und küß ihn! Deine Bravo." So einfach ist das also! Tu, was dir Spaß macht! Du hast ein Recht darauf!
Es ist daher keineswegs verwunderlich, wenn als Ergebnis einer Jugendumfrage vom Juli 1979 festgehalten wurde: „Glücksempfinden ist der höchste Wert. Die bürgerlichen Tugenden sind für junge Menschen gestorben." Es ist nicht einmal überraschend, daß sich unter der Herrschaft eines derartigen Zeitgeistes auch Verkündiger ständig anpassen oder gleichschalten lassen. Argumente werden jedenfalls auch von den Kanzeln genügend angeboten. Da wird etwa gesagt, Jesus habe auch schon gegen die Gesetzlichkeit der Pharisäer gekämpft. Paulus habe doch geschrieben: „Christus ist das Ende des Gesetzes" (Römer 10, 4). Unser Reformer Martin Luther sei doch vor allem für die Freiheit eines Christenmenschen eingetreten. Ist es da noch verwunderlich, wenn kürzlich ein amerikanischer Theologe äußerte: „Das Christentum hat mit Gesetz und Geboten genau so wenig zu tun wie die

Vögel mit der Straßenverkehrsordnung." Von einer jungen Christin bekam ich die erstaunte Frage zu hören: „Warum soll Selbstverwirklichung nicht christlich sein? Ich kann doch sehr wohl mich selbst verwirklichen und dabei noch an Jesus glauben." Mit Begriffen wie „Selbstverleugnung", „Hingabe", „Heiligung" und so weiter konnte diese Christin allerdings so gut wie nichts anfangen.

... und das Ergebnis?

Sind das Ergebnis solchen Strebens nach Selbstbestimmung und Selbstverwirklichung aber nun tatsächlich Glück und Zufriedenheit? Ist das Ergebnis der freie, zur Selbstentfaltung gelangte, in sich stabile Mensch? Die Antwort ist ein klares Nein. Mit seinem Streben nach souveräner Selbstbestimmung und Selbstverwirklichung überfordert der Mensch pausenlos sich selber und wird darum immer unglücklicher. Indem ihm zugemutet wird, nach eigenem Ermessen über sein Leben zu verfügen, indem er ermuntert wird, zu tun, was ihm Spaß macht, wird er zunehmend Spielball seiner eigenen Lust- und Unlustgefühle, seines schwankenden Willens und seiner wankelmütigen Entschlüsse.

Da gesellschaftliche Normen und Werte beseitigt und biblische Gebote und Ordnungen als altmodisch abgetan werden, hat auch das Gewissen immer mehr seine Steuerungs- und Kontrollfunktion im Blick auf Rechtmäßigkeit oder Unrechtmäßigkeit unseres Tuns verloren. Statt dessen wird der Mensch auf den schwankenden Boden seiner augenblicklichen Wünsche, Sehnsüchte und Gefühle versetzt. Das schwankende Ich, das keine verbindlichen übergeordneten Maßstäbe für sein Leben mehr anerkennt, produziert auf dem Wege der Selbstverwirklichung nun ständig neue Schwindelzustände und gerät von einer Frustration in die andere. Statt zur erhofften Entfaltung zu kommen, mißlingt das Leben bei immer mehr Menschen.

Die Frustration, der Mißmut, die Enttäuschung, ja Verzweiflung vieler Menschen, die auszogen, um sich selbst zu verwirklichen, stehen in einem erschreckenden Gegensatz zu dem Optimismus und dem Enthusiasmus, mit dem immer noch zur Selbstverwirklichung ermuntert wird. Offenbar kön-

nen oder wollen es diejenigen, die da so lautstark die Selbstverwirklichung des mündigen Menschen befürworten, nicht wahrhaben, daß immer mehr Menschen daran scheitern und tief unglücklich werden. Sie haben jedenfalls für den, dessen Selbstverwirklichung mißlingt, keine Botschaft, die ihn aufrichtet. Sie können ihn nur immer wieder auf sich selbst zurückwerfen. Mehr noch: Durch ihr ständiges Reden von Selbstbestimmung und dem Recht auf Selbstverwirklichung verbauen sie sogar dem Menschen die Einsicht in das Schuldhafte und Anmaßende seines Tuns. Denn persönliche Schuld, das Eingeständnis des eigenen Versagens, das Erschrecken darüber, sich an Gott und Menschen versündigt zu haben, sind in diesem Lebenskonzept nicht vorgesehen. Schuld und Sünde sind vom aufgeklärten Verstand ja längst „wegrationalisiert".
Wir würden gerade auch als Verkündiger den Ernst der gegenwärtigen Situation unterschätzen, wenn wir hinter der Schuldverstrickung des modernen Menschen, der auszog, um fern von Gott sich selbst zu verwirklichen, nicht auch Gottes richtende Hand sähen. Dem Menschen, der Gott und seine Gebote beiseite schiebt, um sein eigener Herr zu sein, widerfährt, was Paulus im 1. Kapitel des Römerbriefes so formuliert: „Die Menschen hielten sich für weise und wurden zu Narren. Sie machten aus dem herrlichen, ewigen Gott einen Abklatsch vergänglicher Wesen ... Darum hat Gott sie sich selbst überlassen. Sie haben aus Gott ein Phantasiegebilde gemacht. Nun wohl! Er überließ sie dafür ihrem eigenen Wesen und ihrem Lebensdrang und ihren Gelüsten, und sie verunreinigen nun sich selbst und mißbrauchen ihren eigenen Leib ... Sie hatten es, wie sie meinten, nicht nötig, sich um Gott zu bemühen und ihn wirklich zu begreifen. Darum erlaubt er ihnen zu tun, was ihr verkehrter Sinn eben will, alles, was sie hindert, zu leben" (nach der Übersetzung von Jörg Zink).

Gottes höchste Norm ist seine Gnade

So betroffen uns dieses Wort vom Dahingegebensein des gottlosen Menschen macht — es ist glücklicherweise nicht das letzte, das wir als Verkündiger weiterzusagen haben. Ja, es ist — Gott sei Dank — nicht einmal das erste Wort, das wir zu sagen haben. Vielmehr gilt Gottes unerschütterlicher Vorsatz, Menschen trotz allem zu retten und ihnen Wegweisung zu geben. Ich möchte es einmal so sagen: Die höchste Norm und der wichtigste Maßstab, der uns in der Bibel als Orientierung angeboten wird, ist Gottes rettende Gnade und seine Barmherzigkeit.

Auf der Visitenkarte Gottes, mit der er sich dem Volk Gottes am Sinai vorstellt und mit der er ihm seine Gebote als Lebensordnung übermittelt, steht der Satz: „Ich bin der Herr, dein Gott, der dich aus Ägyptenland geführt hat." So stellt sich der lebendige Gott seinem Volk vor. Nicht mit Paragraphen, nicht mit erhobenem Zeigefinger oder sittlichen Maximalforderungen. Nein, er macht sich seinem Volk dadurch bekannt, daß er es aus jahrhundertelanger ägyptischer Knechtschaft rettet und auf wunderbare Weise in die Freiheit führt. Israel lernt seinen Gott kennen als den, der die Schmach und das Unglück seiner Kinder nicht länger mit ansehen kann und der sich daher über sie erbarmt und sie rettet. Israel soll wissen: Der Gott, der uns die Ordnung der Zehn Gebote gibt, der meint es gut mit uns, der will ja unser Bestes. Weil wir erfahren haben, daß er uns wunderbar aus Sklaverei befreit hat, wissen wir, daß er uns mit seinen Geboten auf dem richtigen Weg leiten will.

Doch trotz dieser grundlegenden Erfahrung einer dramatischen Befreiung aus jahrhundertelanger Knechtschaft übertritt das Volk wieder und wieder Gottes Gebote und versucht, sein Schicksal selbst in die Hand zu nehmen. So ist die Geschichte des Alten Bundes die Geschichte einer Kette von Ungehorsam, Abfall und Übertretungen eines ganzen Volkes — und zugleich ein Beweis für die Beharrlichkeit und Unerschütterlichkeit Gottes, mit seinem Volk endlich doch zum Frieden zu kommen. Es ist, als ob Gott den Ungehorsam und die Bosheit der Menschen miteinkalkuliert hätte, ohne sich dadurch vom Vorsatz ihrer Rettung abbringen zu lassen. So gipfelt diese Geschichte endlich in der Menschwerdung des Sohnes Gottes und in seiner Hingabe am Kreuz. „Jesus" heißt daher Gottes letztes, unüberbietbares, aber auch unwiderrufliches Wort an uns Menschen. Dieser Name Jesus bedeutet: Hilfe, Rettung, Heil.

Wir dürfen in unserer Verkündigung mit der unbegreiflichen Freudenbotschaft des Kreuzes einsetzen: Die Strafe, die wir für unseren Ungehorsam, für unsere Gleichgültigkeit oder Auflehnung Gott gegenüber verdient haben, nimmt Jesus freiwillig auf sich. Obwohl wir unser Leben verwirkt haben, wird es uns noch einmal neu geschenkt. Das ist Gottes rechtskräftiges Urteil, das unumstößlich gilt: „Aus Gnaden freigesprochen!" Darum gilt auch für unsere Verkündigung heute: Gottes höchste Norm ist seine rettende Gnade! Was Jesus für uns tat, als er am Kreuz starb und am dritten Tag wieder auferweckt wurde, das gilt ein für allemal. Das ist weder überholt – noch kann es je überholt werden.

Hier hat Gott sein letztes Wort gesprochen. Niemand soll daher meinen, wir würden in der Ewigkeit vor Gottes Thron einmal ein blaues Wunder erleben. Nein, Gott spielt mit offenen Karten. Er hat klar Farbe bekannt. Er hat sich festgelegt. Wir können ihn auch in Ewigkeit bei Jesus und seiner Rettungstat am Kreuz behaften. Allerdings heißt das auch: Wer darauf beharrt, ohne Jesus zu leben, der disqualifiziert sich selber, denn er hält sich nicht an die Spielregeln Gottes. Wer an seiner Selbstbestimmung ungebrochen festhalten will, der muß am Ende scheitern. „In des Jüngsten Tages Licht, wenn alle Welt zusammenbricht, wird zu Christi Füßen jeder bekennen müssen: Jesus Christus, König und Herr, dein ist das Reich, die Kraft, die Ehr; gilt kein andrer Namen heute und ewig. Amen."

Mut machen zu Gottes Geboten

Welche Folgerungen sind aber nun aus diesen grundlegenden biblischen Heilsaussagen für unsere Verkündigung zu ziehen?

Zunächst diese: Wer Gottes rettendes Handeln im eigenen Leben erfahren hat, der soll nun lernen, nach seinen Geboten und Ordnungen zu leben. So möchte ich als Verkündiger Christen ausdrücklich ermuntern, daß sie entschlossen Abschied nehmen von einem früheren Leben in erträumter Selbstbestimmung und Selbstverwirklichung. Ich möchte ihnen verdeutlichen: „Weil der lebendige Gott dich besser kennt als du dich selbst, weil er dir durch seine Liebe und

Fürsorge zeigt, daß er es gut mit dir meint — darum kannst du ohne Angst und Mißtrauen Gottes Gebote und Ordnungen für dein Leben als Richtschnur anerkennen. Höre auf, dein eigener Herr sein zu wollen, über dein Leben nach eigenem Gutdünken zu entscheiden! Sieh dein Glück nicht länger davon abhängig, daß deine Wünsche, Sehnsüchte und Hoffnungen sich erfüllen und du deinen Willen durchsetzt! Du darfst erkennen: Das Beste für dich wie für alle anderen Menschen ist, wenn Gott sich durchsetzt und seine Gebote für dein Leben bestimmend werden."

Wozu sind aber nun die Gebote gut? Sie sollen uns regulieren und vor Unfall und Schaden bewahren wie die Verkehrsschilder. Nun mag es Verkehrsschilder geben, die eine Willkür der Behörden darstellen. Aber am Autobahndreieck Stuttgart beispielsweise entspricht das Tempolimit von 80 km den objektiven Gegebenheiten der dort in der Kurve auftretenden Fliehkraft. Ebenso sind die Zehn Gebote gemeint. Diebstahl, Rufmord, Ehebruch und so weiter zerrütten die menschliche Gemeinschaft und zerstören am Ende den Täter selbst. Gerade in einer Zeit mit wachsender Tendenz zur Gesetzlosigkeit werden wir Verkündiger daher die Zehn Gebote verteidigen als Gottes guten Rat an die einzelnen und an die Gesellschaft und auch als eine gnädige Sicherung gegen das Chaos. Der Umgang mit dem geschöpflichen Leben, der Umgang mit den Mitmenschen und mit der Natur ist nicht Sache des persönlichen Meinens und Beliebens des Menschen. Wenn der Mensch dennoch so verfährt, kehren sich die Gebote negativ, das heißt als Anklage und Fluch gegen den Übertreter. Sie decken die Sünde auf. Wer gegen die Gebote Gottes verstößt, bekommt den Krieg zu spüren. Und eben das erlebt der Mensch unserer Tage, wenn er sich in angemaßter Souveränität über Gottes Gebote hinwegsetzt. Gott gab uns die Gebote, um seine Schöpfung vor dem Chaos zu bewahren. Das ist die erste Antwort, die wir als Verkündiger zu geben haben.

Es folgt aber auch noch eine zweite. Sie richtet sich speziell an die, die Gottes rettende Gnade in Jesus Christus erfahren haben. Ihnen gilt das Wort Gottes: „Ihr sollt heilig sein, denn ich bin heilig" (3. Mose 11, 45). Als Christen sind wir dazu bestimmt, in einem fortschreitenden Prozeß der Heili-

gung zu leben. Heiligung — das bedeutet: Unser gesamtes Sein, unser Denken, Leben und Handeln, soll zunehmend bestimmt werden von Gottes gutem Willen. Gott soll mit seinen Absichten und Zielen in meinem Leben immer mehr zum Zuge kommen. Johannes der Täufer formuliert diesen Tatbestand so: „Er muß wachsen — ich aber muß abnehmen" (Johannes 3, 30).
Wenn ich dies schreibe, bin ich mir als Verkündiger bewußt, daß ich damit Widerspruch hervorrufe: Bedeutet nicht eine so verstandene Heiligung den Verzicht auf jegliche Individualität und Identität? Wenn ich mich selbst verleugnen soll (vergleiche Markus 8, 34), wo bleibt da mein Ich? Werde ich nicht zur willenlosen Marionette Gottes und Teil eines gleichgeschalteten Kollektivs? Wer so fragt, dem kann ich als Verkündiger nur entgegnen: Wer sich in seinem Leben täglich neu von der Frage nach dem Willen Gottes und der Bereitschaft zum Tun dieses Willens bestimmen läßt, der macht ganz andere Erfahrungen. Sein Leben wird nicht gleichgeschaltet, sondern kommt durch das Tun des Willens Gottes erst zu seiner vollen Entfaltung. Das, was der Mensch der Selbstbestimmung sucht, die Selbstverwirklichung, ereignet sich — so paradox das klingen mag — gerade in der Selbstverleugnung, das heißt im Verzicht auf Selbstbestimmung und in der Hingabe meines Selbst an Jesus. Es stimmt: Solche Hingabe, ein sich völlig Aus-der-Hand-Geben und In-die-Hand-Gottes-Legen, setzt Vertrauen voraus. Ein Vertrauen, bei dem außer Frage steht, daß Gott es gut mit mir meint. Ich möchte als Verkündiger anderen bezeugen: Der lebendige Gott will mein Leben zur vollen Entfaltung bringen — darum kann mir gar nichts Besseres passieren, als daß mein Leben gänzlich von ihm bestimmt wird.
Eben dies meint das alte Wort „Heiligung". In dem Bemühen um solche Heiligung gewinnen die Gebote Gottes noch eine neue Dimension. Sie sind dann so etwas wie Rahmen-Richtlinien für das Tun des Guten: für die guten Werke, also die positiven Realisierungen der Gebote, wie sie Martin Luther etwa in den Erklärungen des kleinen Katechismus formuliert hat.

Helmut Ockert
Glaubenskunde für junge Christen

Diese gründlich überarbeitete Neuauflage gibt dem Interessierten in übersichtlicher Form und leicht verständlicher Sprache einen Überblick über die wichtigsten Bestandteile des christlichen Glaubens. In den Kapiteln: Was ist Glaube?, Glaube auf Grund der Bibel, Das apostolische Glaubensbekenntnis, Die Zehn Gebote, Die Sakramente, Das Gebet, finden sich Themen wie Schöpfung, Evolution, Rechtfertigung, Leistung, Vergebung, Selbstmord, Ehe, Auferstehung, Vaterunser, Aufgaben der Kirche usw.

Geeignet als persönliches Nachschlagewerk, zur Vorbereitung von Jugendkreisen, von Predigten, von Gemeindeveranstaltungen überhaupt und als Korrektur und Ergänzung für den Bibelleser, der den Eindruck hat, allmählich nur noch seinen eigenen Lieblingsgedanken zu begegnen.

ABCteam Taschenbuch Band 3157
96 Seiten
kartoniert

Vom gleichen Autor ist erschienen:
Bibelkunde für junge Christen
Eine Einführung in die Heilige Schrift

In leicht verständlichen, interessant geschriebenen Abschnitten werden allgemeine Kenntnisse über die Bibel vermittelt: Entstehung, Verfasserschaft, geschichtlicher Hintergrund und Zusammenhang u. a. m. Kapitel und Verse, die besonders wichtige Aussagen beinhalten, sind zum Auswendiglernen gedacht und gesondert zusammengestellt.

ABCteam Taschenbuch Band 3010
176 Seiten
kartoniert

AUSSAAT VERLAG

Johannes Busch
Stille Gespräche
Seelsorge für Mitarbeiter

Fragen der persönlichen Lebensführung und des Dienstes werden in konkreten Gesprächen klar und offen besprochen. Aus dem Inhalt: Unsere persönliche Stille, Hast du auch schwache Stunden?, Mitarbeiter untereinander, Mut zu geringen Dingen.

ABCteam Werkbuch Band 809
176 Seiten
Paperback

Wilhelm Schlatter
Biblische Menschenkunde
Die biblische Lehre von Geist, Seele und Leib

Jeder sammelt eigene Beobachtungen und Erfahrungen mit Menschen. Als Christen werden wir versuchen, uns selbst und die Menschen, die uns begegnen, im Licht der Bibel zu sehen. Der Autor beschreibt den Menschen als ganzheitliches Geschöpf Gottes und hilft dabei auch zur eigenen Selbsterkenntnis und geistlichen Erneuerung.

ABCteam Werkbuch Band 827
88 Seiten
Paperback

AUSSAAT VERLAG